Thomas Kössner

Zauberformel »... und Punkt!«

in Anlehnung an die Spiegelgesetz-Methode®

Übungsteil von Christa Kössner

ENNSTHALER VERLAG STEYR

Die Namen der beschriebenen
Personen wurden geändert.

www.ennsthaler.at

ISBN 3-85068-679-5

Thomas Kössner • Zauberformel »... und Punkt!«

Ennsthaler Gesellschaft m.b.H. & Co KG,
4400 Steyr, Österreich
Satz: Ennsthaler Verlag
Umschlagentwurf: DIE BESORGER,
Mediendesign & -technik, Steyr

Thomas Kössner • Zauberformel »... und Punkt!«

Inhaltsverzeichnis

Über den Autor

Ich wurde 1974 in Wien geboren und wuchs als einziger Sohn meiner Mutter Christa Kössner ohne Vater auf. An meine Schulzeit erinnere ich mich eher ungern. Acht Jahre Halbinternat haben mir gereicht. Daraufhin wechselte ich als 14-Jähriger in eine technische Schule, die ich nach vier Jahren erfolgreich abschließen konnte. Ziemlich rasch verlor ich das Interesse, meine Hände für ölverschmierte Maschinen zu gebrauchen. Also entschloss ich mich für eine weitere Ausbildung zum Jugendleiter. Danach arbeitete ich einige Jahre als Horterzieher in einer Wiener Volksschule und später in einem sozialen Projekt, und zwar in der Parkbetreuung von Kids und Jugendlichen. Von heute auf morgen verlor ich auch daran mein Interesse. Vielleicht deswegen, weil ich oft 50 Stunden pro Woche unterwegs war und für mein Hobby als Discjockey kaum noch Zeit übrig blieb. Es folgten langweilige Monate als Arbeitsloser. Ich ließ mich so richtig gehen und suhlte mich in Selbstmitleid ... bis mich zwei Ereignisse jäh herausrissen: die Trennung von meiner Freundin und das Begreifen des Spiegelgesetzes. Ich habe mittlerweile meinen Traumberuf gefunden, und zwar als Jugendleiter in einer Wohngemeinschaft für schwer erziehbare Buben.

Trotz meiner liebevollen familiären Bindung zu meiner Mutter Christa Kössner, Bewusstseins-Coach und Erfolgsautorin, zähle ich mich nicht zu den so genannten »Esoterikern«. Ich halte mehr von direkten Erfahrungen – oder treffender gesagt – ich HIELT bis jetzt mehr davon, als die Weisheiten irgendwelcher Leute zu befolgen. Nicht alle meine Erfahrungen waren angenehm! Viele Sportverletzungen und einige Motorradunfälle ließen mich kurzfristig aufhorchen und meine bisherige Lebensauffassung hinterfragen. Leider hielten meine neu gewonnenen Erkenntnisse nicht lange an. Und ich machte so weiter wie vorher ... bis mir eines Tages ein Freund das Spiegelgesetz erklärte ... und mich die Trennung von meiner Freundin wie eine Keule traf – ich erwähnte es schon.

Das vorliegende Buch ist mein erstes. Es ist die aufgegangene Saat meiner verwandelten Sichtweise. Ich bin ein anderer geworden, weil ich MICH gefunden habe. Möge dir die Zauberformel ».. und Punkt!« ebenso viele Erkenntnisse bescheren wie mir.
In diesem Sinn lasse die Schuppen von deinen Augen fallen!

Thomas Kössner

Widmung *von Christa Kössner*

Dieses Buch ist meiner Cousine Margit gewidmet. Weil sie es war, die zuerst mich und später auch meinen Sohn Thomas beflügelte, aus zwei magischen Worten ein ganzes Buch zu zaubern. Die Idee dazu schoss urplötzlich an einem unserer Spieleabende aus ihr heraus: »Du Christa, magst ein Buch mit dem Titel ›... und Punkt!‹ schreiben?« »Meinst du?«, fragte ich. »Ja! Das ist so genial, so einfach und so heilsam ... dieses ›... und Punkt!‹« Ihre Begeisterung ließ uns beide nicht mehr los. Zuerst malte ich ein Bild mit der Aufschrift ... »... und Punkt!« – eine braune Henne mit entschlossenem Blick. Das Bild sollte mich stets daran erinnern, dort einen geistigen PUNKT zu setzen, wo er angebracht ist:
Wenn ich versucht bin, eine Situation zu analysieren, zu interpretieren oder zu beurteilen. Oder wenn ich morgens in einen Gedankenstrudel gerate, anstatt mein Frühstück zu genießen. Wenn jemand am Telefon endlos über Belanglosigkeiten redet oder ich mich im Strudel früherer Liebesgeschichten zu verfangen drohe. Wenn eine vermeintliche Freundschaft im Sand versickert oder wenn mein Ansuchen um Abfertigung abgelehnt wird. Wenn ich um irgendetwas zu kämpfen beginne, anstatt das Gegebene zu akzeptieren ... wenn ich mich dabei ertappe, unaufgefordert gut gemeinte Ratschläge zu verteilen ... oder wenn ich in den Sog irgendeiner Leidensgeschichte aus längst vergangener Zeit zu geraten drohe.

Auch die braune Henne ist ein kleines Dankeschön an Margit. Sie liebt diese rundlichen, braunen Hennen über alles! Kurzum seit wir – Thomas, Margit und ich – die zwei magischen Worte »... und Punkt!« in unserem Bewusstsein verankert haben, wurde vieles in unserem Leben klarer und einfacher!

Vorwort *von Christa Kössner*

Seit mehr als zwölf Jahren habe ich zwei heilsame Wegbegleiter: mein geliebtes Spiegelgesetz und das Buch »Ein Kurs in Wundern«. Ehrlich gesagt hätte ich mir niemals träumen lassen, noch einen dritten Begleiter zu finden. Einen, der fast noch leichter anwendbar zu sein scheint als die Spiegelgesetz-Methode®: »... und Punkt!« Welche Kraft steckt in diesen Worten ... welch erstaunliche Weisheit ... und welch großes Gottvertrauen! Mit Recht fragst du dich jetzt vielleicht, ob ich ganz bei Trost bin. Ich bin bei Trost. Und ich bin mir sicher, dass mein Sohn es dir mit diesem Büchlein begreiflich machen wird, dieses »... und Punkt!«

Jeweils am Ende der Kapitel im ersten Abschnitt findest du zwei praktische Übungen:

1. »Meine Akzeptanz«

Es kann sein, dass dir die Sätze übertrieben oder provokant vorkommen. Wir haben sie bewusst so formuliert, damit sie dich wirklich erreichen und dein Innerstes berühren. Husch überlesen oder Worte gestreichelt haben wir lange genug! Ich habe mir deshalb erlaubt, den Kern der Sache direkt anzusprechen. Ohne Akzeptanz deiner derzeitigen Einstellung kann die Zauberformel »... und Punkt!« bestenfalls nur ein paar Tage wirken. Mit deiner Akzeptanz versetzt sie Berge!

2. Spielerische Übungen

Du kannst die Übungen jederzeit ohne viel Aufwand durchführen, entweder für dich allein oder mit Freunden. Die Übungen sind so gestaltet, dass sie deiner Kreativität genug Spielraum lassen!

Vorwort *von Thomas Kössner*

»... und Punkt!« ist ein Wegbegleiter für Menschen, die vom Komplizierten genug haben.

»... und Punkt!« ist eine Zauberformel für Aufgeschlossene, für Begeisterte ... für Leute, die gerne gegen den Strom schwimmen.

»... und Punkt!« ist eine Alternative für Menschen, die genug gekämpft oder gelitten haben. »... und Punkt!« ist ein Powergedanke, der dich augenblicklich in eine wohltuende Pause katapultiert und dich infolgedessen in ein Wesen verwandeln kann, das du immer schon sein wolltest: ein authentischer, zufriedener Mensch mit absoluter Entscheidungsfreiheit.
Wenn du imstande bist, »... und Punkt!« zu denken ... stehst du sofort und auf der Stelle vor einem neuen Anfang! Du bist im Hier und Jetzt statt in der Vergangenheit oder bei anderen Leuten.

In den folgenden Kapiteln will ich aufzeigen, was dir Erfolg bringen kann und was nicht. Ich spreche dabei aus eigener Erfahrung. Sämtliche Analysen, Interpretationen und Beurteilungen einer Situation ... sowie das Ankämpfen dagegen ... oder die damit verbundene Selbstmitleidsmelodie ... hatten mir nicht jenes Ergebnis beschert, das ich haben wollte: mich selbst als konstant zufriedenen, erfolgreichen Mann zu sehen. Ganz im Gegenteil, ich hatte manchmal sogar das Gefühl, als würde ich mich immer weiter von meinem Ziel entfernen! Ich war einfach nicht entschlossen genug, meine fruchtlosen Gedanken mit einem Machtwort zu stoppen. Selten, aber doch zeigte sich mein fehlender Wille, »... und Punkt!« zu denken, auch als Lustlosigkeit. Zum Beispiel als mein Plan scheiterte, mich an einer Partyagentur zu beteiligen und mein Monatseinkommen als Discjockey zu verdienen. Heute fällt es mir wesentlich leichter, damit abzuschließen: So WAR es. »... und Punkt!«

Hinfallen ist keine Schande,
aber nachher liegen bleiben! ☹

Dieses schlichte ⇨ »... und Punkt!« war ein wichtiger Faktor in meiner Entwicklung und ist es immer noch. Ich bin noch nicht hundertprozentig DER Mensch, der ich sein möchte. Immer dann, wenn ich mit einem unangenehmen Spiegelbild konfrontiert bin, weiß ich ... da fehlt noch etwas! Ich helfe mir dann manchmal mit der Spiegelgesetz-Methode® (siehe gleichnamiges Buch meiner Mutter), die auch für Laien leicht anwendbar ist. Kurz und gut, ich bin draufgekommen, was mir tatsächlich Erfolg bringt: das Einfache, das leicht Verständliche, das jederzeit Umsetzbare. Dicke Wälzer waren noch nie meines. Was ich außerdem noch für sehr wichtig halte ⇨ Anleitungen, Seminare, Workshops oder Methoden dürfen nicht abhängig machen, sondern frei.

Abschnitt 1

Analysieren

Wenn ich in diesem Kapitel von »Analyse« spreche, meine ich nicht die professionelle Psychoanalyse – sondern die scheinbar nie enden wollende Suche vieler Menschen nach dem »Warum«. In meinem Freundeskreis gibt es ein paar Hobbyanalytiker, die begeistert von ihren »Erfolgen« berichten. Die Freude ist besonders groß, wenn das Stöbern in Psyche und Vergangenheit bis zu den Urahnen reicht. Zusammenhänge und Abhängigkeiten in der Familie werden bis ins letzte Detail herausgefiltert, um ein Erfolgserlebnis zu haben: »Jetzt weiß ich endlich, dass ich dasselbe Problem habe, wie mein Vater und mein Großvater es hatten. Ich weiß jetzt endlich, **warum** ich in Anwesenheit ... meines Vorgesetzten ... meines Kollegen ... meines Nachbarn ... so schüchtern bin!« Sollte auf diese Weise eine Erkenntnis ausbleiben, wird oft lange »weitergesucht«, bis sich ein – wenn auch unklarer – Zusammenhang ergibt. Ich antworte meistens nur mit: »Aha«. Weil mir besonders in der letzten Zeit klar geworden ist, dass Analysen sehr wohl den Verstand befriedigen, aber an der betroffenen Person trotzdem kein anderes Verhalten bewirken. Es ist meine ehrliche Meinung, dass dir die reine ANALYSE einer Situation nicht das gewünschte Ergebnis bringen kann. Warum? Weil du damit nur nach dem WARUM suchst. Warum fürchte ich mich vor Aufzügen? Warum mag ich keine Schäferhunde? Warum stoßen mich dicke Frauen ab? Warum graut mir davor, früh aufzustehen?

Warum stelle ich mir bloß all diese Fragen? ☹

Du kannst die Kette der Warum-Fragen bestimmt noch lange fortsetzen und auch Antworten darauf finden. Nehmen wir eines der obigen Beispiele, den Fall Elvira: »Ich fürchte mich vor Aufzügen, weil ich als Teenager einen Film sah, wo ein Aufzug abstürzte. Meine Mutter ist schon einmal in einem Aufzug stecken geblieben. Und meine Großmutter ist als Kind in einen Brunnen gefallen. Jetzt weiß ich, warum ich mich vor kleinen, geschlossenen Räumen fürchte. Ich trau' mich ja auch nicht, mit einer Seilbahn zu fahren.« Elviras Analyse ergab einen roten Faden bei weiblichen Familienmitgliedern: Angst vor dem Eingesperrtsein. **Ändert nun dieses Ergebnis etwas an Elviras Verhalten, um jeden Aufzug einen Riesenbogen zu machen?**

NEIN!

Nach einer Analyse hast du etwas **verstanden**. Du hast verstanden, WARUM du ... ein Duckmäuser, eine Hysterikerin, ein Choleriker oder eine Domina zu sein scheinst. Aber diese Antworten lösen keineswegs dein Problem – in unserem Beispiel ⇨ die Angst vor engen Räumen. Außerdem ist es ziemlich anstrengend, diese vielen »Warums« zu beantworten, findest du nicht? Warum einfach, wenn es kompliziert auch geht? ... ☺

Du kannst dir nach Abschluss einer Analyse hundert- oder tausendmal sagen: »Jetzt ist mir endlich klar, warum ich ein Versager ... ein Angsthase ... eine dumme Gans ... bin. Weil meine Eltern, mein Großvater, meine Cousine mütterlicherseits ... ein ähnliches Problem hatten.« Sei ehrlich. Hast du dich aufgrund einer solchen Analyse dann schon in einen authentischen, freien Menschen verwandelt?

NEIN!

Ich bin davon überzeugt, dass sich jeder Missstand, jedes Problem und jede Angst wesentlich einfacher lösen lässt. Ich übe öfters, von meinem Verstand wegzukommen, indem ich Musik höre oder meine vielen CDs ordne. Unsere Wurzeln sind nicht der Verstand, sondern sie sind **in unserer Selbstverbundenheit** verankert. Reiner Geist ist das Feld aller Möglichkeiten! Im Geist findest du den Ursprung sämtlicher Probleme, mit denen du zu tun hast. Es muss daher in DEINER GEISTESHALTUNG eine Überzeugung zu finden sein, die dir das Verhalten eines ... Opfers ... Versagers ... Schweinehundes ..., um ein paar Beispiele zu erfinden, aufzwingt! Dass dein Vater, dein Großvater oder dein Onkel auch schon so waren, ändert nichts an der Tatsache, dass DU jetzt dieses Problem hast! Grabe nicht länger nach Warum-Antworten. Du kannst etwas anderes tun, das deine Suche nach Erklärungen beendet. Du kannst »... und Punkt!« sagen!

Würde ich das Wort »Analyse« in einem einzigen Satz definieren müssen, könnte er vielleicht so lauten: **Eine Analyse ist die zeitraubende und ermüdende Suche nach Erklärungen.** ☺

Kraft deines Denkens und Glaubens rufst du entsprechende Tatsachen hervor. Das bedeutet sehr, sehr viel für dich und dein Leben, weil sich all deine geistigen Inhalte – bewusste und unbewusste Gedanken, Überzeugungen und Glaubenssätze – in konkreten Tatsachen spiegeln. Setzt du nun einen **Schlussstrich unter deinen Hang zu analysieren**, indem du entschieden »... und Punkt!« denkst ... befreist du dich augenblicklich von jeglicher Mühsal, die damit verbunden war. »... und Punkt!« bewirkt im jetzigen Augenblick etwas Endgültiges. Es ist eine Entscheidung, die du um deinetwillen triffst. Sie bewirkt einen Gedankenstillstand, eine Erholungspause ... die dir kurz darauf eine neue Strategie der Problemlösung ermöglicht. Nicht dein analytischer Verstand ebnet dir den Weg in die persönliche Freiheit – sondern dein reiner Geist, der eins ist mit höchster Weisheit. Um die Ebene des reinen Geistes überhaupt zu erreichen, musst du deinem Verstand eine Grenze setzen: »... und Punkt!« Ich habe es schon oft ausprobiert: Meine Lust, nach Warum-Antworten zu graben, verschwand tatsächlich! Also kann ich aus eigener Erfahrung das Geniale an der Zauberformel bestätigen. Bitte probiere es aus und erkenne das Sinnlose an deiner langwierigen Suche nach Begründungen ... spüre ... nur, wenn ich einen Punkt mache, kann etwas Neues beginnen! Es ist deine(!) Entschlossenheit, einen Punkt zu setzen – und damit das Erforschen nach dem WARUM aufzugeben –, die dir eine neue Wahl ermöglicht. Wenn ein Schöpfer von Tatsachen – du! – entschlossen »... und Punkt!« denkt, dann ist wirklich Punkt! Schluss damit, aus, Ende.

Meine Akzeptanz

- Ich erkenne mein Bedürfnis an, x-beliebige Ereignisse zu analysieren.
- Ich gestehe mir ein, dass ich damit nach verstandesbetonten Erklärungen suche.
- Ich bekenne vor mir selbst, dass mir das WARUM wichtiger ist als die gegebene Situation.
- Analysieren bedeutet, Menschen und Situationen zu fragmentieren.
- Ich lebe im Glauben, dass die Frage nach dem WARUM meine derzeitige Situation rechtfertigt.
- Ich bin mir dessen bewusst, dass ich dadurch freiwillig auf eine höhere Sichtweise pfeife.

- Mir ist klar, dass ich mir damit jene Weisheit verwehre, die jedes Ereignis sinnvoll macht.
- Ich kann mit dem Analysieren jederzeit aufhören.
- Ich kann entschieden »... und Punkt!« denken.

Übung 1

1. Beschreibe das letzte Ereignis, das du analysiert hast.

2. Folgende Erklärung hast du aufgrund deiner Analyse dafür gefunden:

3. Bitte vollende den folgenden Satz mit deinen Worten:

Jetzt glaube ich zu verstehen, warum ich

4. Jetzt ist deine Phantasie vonnöten. Stell dir bitte vor, dass dein bester Freund oder ein Mensch, den du bewunderst, eine andere Sichtweise von diesem Ereignis hat, und schreibe diese auf.

5. Vergleiche nun deine Analyse mit der Version deines Freundes möglichst wertfrei.
Schließe die Übung ab mit einem Selbstversprechen, das du auch mit eigenen Worten formulieren kannst.

Ich halte es für möglich, dass es zu diesem Thema noch mehr als zwei Sichtweisen gibt.

Aufarbeiten

»Ich muss erst meine Vergangenheit ... meine Geburt ... meine früheren Leben aufarbeiten ...« Wie oft erzählten mir Bekannte oder Freunde von dieser doch mühsamen, zeitaufwendigen »Arbeit«, die dir eigentlich nur dasselbe Ergebnis bringen kann wie das Analysieren: eine Erklärung, warum du dich manchmal mies, schuldig oder klein fühlst. Unter »Aufarbeiten« versteht man im Allgemeinen, und sehr simpel ausgedrückt, das nochmalige Ansehen und Durchleben traumatischer Ereignisse in Begleitung eines Therapeuten. Manchmal geschieht so etwas auch von selbst, wie bei meiner Mutter zum Beispiel: Am 13. September 1990 hatte sie alleine ihren eigenen Tod und ihre Wiedergeburt durchlebt, ohne das willentlich herbeigewünscht zu haben. Sie beschreibt dieses Erlebnis ausführlich in ihrer Autobiographie »Mein göttliches Kind« (Ennsthaler Verlag 2004).

Der Unterschied zwischen einer Analyse und dem Aufarbeiten vergangener Ereignisse liegt klar auf der Hand. Beim DURCHLEBEN findest du nicht nur Erklärungen, sondern du spürst auch noch einmal alle (schrecklichen) Gefühle von damals. Warum ich das betone? Weil ich begriffen habe, dass mir auch das »Aufarbeiten« und »Durchleben« bestimmter Situationen nicht den gewünschten Erfolg bringen: mich als konstant glücklicher, zufriedener, erfolgreicher Mann zu fühlen.

Seither habe ich auch darunter einen Punkt gesetzt. Wenn mich das Leben in Situationen bringt, die mich gefühlsmäßig an frühere Erlebnisse erinnern, dann denke ich: »... und Punkt!« Ist abgeschlossen, ist aus, ist zu Ende. Meine Zeit ist sehr kostbar und meine Gefühle haben schon genug aushalten müssen. Manchmal höre ich Aussprüche von Freunden wie: »Ich habe so eine Wut im Bauch!« Andere werden von einem Herzenskummer geplagt, von Angst oder Verzweiflung. 😐 Sie behaupten dann: »Das muss raus!!« Meistens höre ich nur zu und erspare mir, einen Kommentar abzugeben. Nicht aus Desinteresse, sondern aus einer ehrlichen Erkenntnis heraus: Wie viele Menschen glauben immer noch, dass sie sich durch immer wieder erlebte Gefühlsqualen in jemand anderen verwandeln ... in einen erfolgreichen, lebensbejahenden Mann ... in eine glückliche, zufriedene Frau? Herzzerreißend ist das und traurig. Weil es jedem von uns frei steht, die eigene Gefühlshölle zu verlassen und einen anderen Weg der Selbsterkenntnis einzuschlagen. »... und Punkt!«

Meine Akzeptanz

- Ich erkenne meine Überzeugung an, vergangene Ereignisse aufarbeiten zu wollen.
- Ich gestehe mir ein, dass ich damit einem kollektiven Glaubenssatz folge.
- Ich bekenne vor mir selbst, dass mir Schmerz, Leid und Mühe lieber sind als Leichtigkeit.
- Frühere Begebenheiten aufarbeiten zu wollen, bedeutet, in der Vergangenheit zu leben.
- Ich bin mir dessen bewusst, dass ich dadurch oft übersehe, was JETZT wichtig ist.
- Mir ist klar, dass ich viel Zeit mit der Vergangenheit totschlage.
- Ich kann jederzeit damit aufhören.
- Ich kann entschieden »... und Punkt!« denken.

Zeit ist der ständige Stillstand in der GEGENWART
... und nicht irgendwo anders. ☺

Übung 2

1. Beschreibe in Stichworten ein, zwei Erlebnisse von früher, die dich heute immer noch beschäftigen.

2. Du hast mehrere Möglichkeiten, wie du heute damit umgehen möchtest. Erstelle eine Rangordnung. Die für dich angenehmste Möglichkeit an 1. Stelle, usw.

____ *a. Resignieren*

____ *b. Hilfe in Gesprächen mit Freunden suchen.*

____ *c. Akzeptieren ⇨ »So WAR es. ›... und Punkt!‹«*

____ *d. Einen Therapeuten aufsuchen.*

____ *e. Ein Buch darüber schreiben.*

____ *f. Mir selber Leid tun und es genießen.*

____ *g. Rückzug und schmollen.*

____ *h. Bereitschaft, das Gute daran sehen zu wollen.*

____ *i. Authentisch sein. ⇨ »Ich selbst bin dafür verantwortlich, niemand anderer sonst. ›... und Punkt!‹«*

3. Wie viele Stunden pro Woche kostet dich deiner ehrlichen Einschätzung nach das Aufarbeiten / die Beschäftigung mit vergangenen Erlebnissen?

____

____

____

4. Dein Erfindergeist und deine Kreativität sind jetzt am Zug. Erlaube dir, mit Bildern und Gedanken zu spielen – und schreibe auf, was du in diesen Stunden stattdessen hättest machen können. Wichtig ist, dass du bei allem, was dir jetzt einfällt, ein wohlig sattes Gefühl empfindest.

Belangloses

Wie viele Menschen auf Belanglosigkeiten konzentriert sind, fällt mir besonders in öffentlichen Verkehrsmitteln auf. »Kannst die Knödel schon ins Wasser werfen, ich bin in 5 Minuten da.« ... »Ich steige gerade in die Schnellbahn ein, warte einen Augenblick, wir reden gleich weiter.« ... »Ach ja, ich seh' dich schon bei der Haltestelle!« Solche und ähnliche Sätze tauschen Leute per Handy aus. Der unwirsche Chef bleibt in ellenlangen Gesprächen genauso wenig verschont wie das Wetter, die Politik und die Benzinpreise. Liebe/r Leser/in, du hast Recht. Es ist weder schlecht noch verboten, Zeit mit Belanglosigkeiten auszufüllen – nur bescheren dir die vielen verplemperten Minuten nicht jenes Ergebnis, das du wahrscheinlich oft herbeisehnst: ein ☺ rundum zufriedener, konstant ausgeglichener Mensch zu sein. ☹

Nach der Lektüre dieses Kapitels wird es dir bestimmt öfter auffallen, dass sich dein Kopf oft und oft mit unwichtigem Zeug beschäftigt. Bei mir war es jedenfalls so – ABER ... ⇨

Ich habe mir selbst etwas versprochen: Sobald mir auffällt, dass ich mich in einem sinnlosen Wortwechsel zu verlieren drohe, denke ich »... und Punkt!«. Schluss damit, aus, Ende. Ich habe begriffen, dass ich meine Zeit besser nützen kann. Das vorliegende Buch ist zum Beispiel ein Ergebnis davon, dass ich sie jetzt nicht mehr totschlage! Früher saß ich oft daheim und habe einfach nur in eine Ecke gestarrt. Dabei kreisten meine Gedanken zu neunzig Prozent um unwichtige Dinge! In meinem Kopf spielten sich die schrägsten Geschichten ab, die sich oft gegen mich selbst richteten. 😐

Leider gab es damals noch keinen »... und Punkt!«-Fan ☺ in meiner Nähe ...

Wenn es um Ablenkungsmanöver in deiner Freizeit geht, halte ich es für besonders wirksam, einen PUNKT zu machen. Anstatt dir belanglose Geschichten von irgendwelchen Leuten anzuhören, denkst du: »... und Punkt!« In dem Moment, in dem du das entschlossen tust, passiert Folgendes: Es fällt dir augenblicklich DER entscheidende Satz ein, mit dem du das Geschwafel unterbrechen kannst. Bitte probiere es aus und staune, welche Worte dir als Erstes in den Sinn kommen, wenn du zuvor »... und Punkt!« gedacht hast. Dann kannst du eben genau diese Worte freundlich und bestimmt aussprechen und bist mit deiner Konzentration wieder bei dir selbst. Ein anderes Beispiel: Jemand redet und redet am Telefon. Ausschweifend berichtet dir Herr Meier von seinem neuen Auto. Außer: »Ja … ja … mmmm … soso …« fällt dir nichts ein. Nach 15 Minuten sitzt du bereits auf Nadeln und spürst eine Menge Groll in dir hochsteigen. Trotzdem ist Herr Meier erst bei der Innenausstattung seines Wagens angelangt. Spätestens jetzt empfehle ich dir, »... und Punkt!« zu denken. Das bewirkt, dass du dir deiner Macht als Gesprächspartner sofort bewusst wirst. Du hast es in der Hand, nervtötende Berichte und sämtliche Auswüchse sinnlosen Geplappers ... eben Belangloses ... zu stoppen. Es genügt wirklich, »... und Punkt!« zu denken. Du brauchst dein Gegenüber weder anzuschreien noch durchzuschütteln. Wenn ein Schöpfer von Tatsachen »... und Punkt!« denkt, dann *ist* Punkt! Ich denke, es passt jetzt, auf das Spiegelgesetz hinzuweisen. Das überlasse ich gerne meiner Mutter. ⇨

Christa Kössner
Mein Gegenüber spiegelt mir exakt jenes Verhalten, das ICH (!) ihm zuschreibe – ob mir das bewusst ist oder nicht.

Auf unser Beispiel übertragen, bedeutet das ⇨ Wenn mein Gegenüber andauernd redet und redet ... dann habe **ICH** *ein liebloses Urteil gegen Menschen in meinem Gedächtnis, die viel und laut reden. Mit der Spiegelgesetz-Methode® kann ich 1. ganz leicht das Geschenk – die Liebesbotschaft – meines Gegenübers finden und 2. mein Urteil ... meine schlechte Meinung ... meine negative Überzeugung ... in unserem Beispiel gegen Vielredner ... aufheben. Ich habe auch noch eine dritte Möglichkeit: Indem ich im Augenblick des Geschehens »... und Punkt!« denke, erlaube ich meinem Geist und meinen Gefühlen eine Erholungspause. »... und Punkt!« bewirkt jenen notwendigen Stillstand, den ich als wichtige – wenn nicht überhaupt als wichtigste – Voraussetzung für die Anwendung der Spiegelgesetz-Methode® bezeichne. Der kurze Stillstand – das Stopp – macht mich kurzfristig leer. Gedankenstillstand ... eine leere Leinwand ... ist meiner Erfahrung nach eine optimale Voraussetzung, um vorurteilslos auf mein menschliches Spiegelbild blicken zu können und damit das »Geschenk« – die wirkliche Botschaft – anzunehmen.*

Mein Gegenüber zeigt immer nur jenes (negative?) Verhalten, das **ICH** *ihm zuschreibe – ich erwähnte es schon. An dieser Tatsache scheitern die meisten. Verantwortung für die eigenen negativen Gedanken, Meinungen, Urteile, Überzeugungen und Glaubenssätze zu übernehmen, scheint überaus schwierig zu sein. Ich jedoch halte Eigenverantwortlichkeit für das größte Geschenk Gottes an mich, weil mir nur dadurch die Möglichkeit offen steht, neu zu wählen. Indem ich Verantwortung für ein Geschehen übernehme, verlasse ich die Glaubenshaltung eines Opfers und werde zum Regisseur dieser Situation. Ein Regisseur kann etwas tun. Er kann die Schauspieler umgruppieren ... er kann das Drehbuch neu schreiben ... er kann sich selbst* *ins Spiel bringen oder* ***die Probe (die jetzige Szene) abbrechen*** *– indem er »... und Punkt!« verkündet. Schluss für heute, aus, Ende.*

Vielleicht fragst du dich, warum ich dem Belanglosen ein ganzes Kapitel gewidmet habe? Weil auch in »Ein Kurs in Wundern«, dem Lebensleitbuch meiner Mutter, viele Textstellen auf das Wort »bedeutungslos« hinweisen ⇨

»Das Erkennen der Bedeutungslosigkeit
ruft in allen von Gott Getrennten Angst hervor.«

Vieles ist für uns bedeutungslos ... obwohl wir glauben, unser Leben hinge davon ab! Hingegen vergessen wir oft auf das, was für uns wirklich Bedeutung hat: Lebensfreude, Erfolg, Liebesglück und innerer Frieden. Dieses Vierergespann hebt uns aus der Gewöhnlichkeit heraus und lässt uns sehr rasch fühlen, welch immense Kraft in uns wirkt: die Kraft eines Menschen, der Tatsachen hervorrufen darf! Es erscheint mir daher logisch zu sein, dass ein derart machtvolles Wesen jeden seiner Gedanken wie einen kostbaren Schatz behandeln sollte! Niemals würde sich ein Schöpfer von Tatsachen auf etwas Belangloses konzentrieren! Dazu gehört neben jeglicher Art sinnloser Tratscherei auch das verbale Zergliedern x-beliebiger Situationen, das Analysieren von Menschen oder Begebenheiten, das Missionieren sowie auslaugendes Kämpfen um etwas scheinbar sooo Wichtiges ... Wir werden uns in den nachfolgenden Abschnitten noch genauer damit beschäftigen.

Ich habe für mich selbst einmal aufgelistet, was mir persönlich WIRKLICH wichtig ist und was ich als unwichtig einstufe. Die Spalte der Unwichtigkeiten war auffallend länger! ☹

Ich habe mir jeden einzelnen Satz in dieser Spalte hergenommen und ihn nochmals überprüft: Ist das wirklich wichtig für mein Glück, für meine innere Zufriedenheit und für meinen Erfolg? NEIN. Daher Schluss damit, aus, Ende. »... und Punkt!«

Zwei Beispiele aus meinem Leben:

Nach der Trennung von meiner Freundin dachte ich oft daran, wie es ihr wohl geht und was sie so alles unternimmt. Ich malte mir die unglaublichsten Geschichten aus. Das lenkte mich so sehr von meinem Leben ab, dass mir nur noch der Ausweg blieb, immer und immer wieder einen PUNKT zu machen. Schluss damit. Aus. Ende. Ich wollte meine quälenden Gedanken wirklich verschwinden lassen und deshalb funktionierte die Zauberformel ziemlich rasch. Nach ungefähr zwei, drei Wochen war ich halbwegs fähig, mich voll auf meine Angelegenheiten zu konzentrieren.

Früher ließ ich mich von anderen, besonders von meinen Kumpels, in meiner Zeiteinteilung sehr beeinflussen. Ständig brauchte jemand etwas von mir – und zwar nur von mir! Daher blieben oft nur wenige Stunden für meine Hobbys übrig. Wohnungsputz, genussvolle Lesestunden, der fällige Ölwechsel für mein Auto oder ein Sonntagsbesuch bei meiner Großmutter ... alles Mögliche habe ich auf morgen oder nächste Woche verschoben oder überhaupt nicht erledigt. 😐 Das ging mir ziemlich bald auf die Nerven. Ich wollte einfach nicht mehr so weitermachen. Trotzdem hat es einige Zeit gebraucht, bis ich meine Unkonzentriertheit und meinen Schlendrian in den Griff bekam. Jedes einzelne »... und Punkt!«, hat mir während dieser schwierigen Zeit enorm viel geholfen, Wichtiges von Unwichtigem zu trennen. Heute nehme ich mir die Freiheit, Pflichten und Freizeit nach meinen eigenen Regeln einzuteilen. ☺

Wenn jemand entschieden »... und Punkt!« denkt, fühlt sich nicht nur dieser Jemand erleichtert, sondern auch daran beteiligte Personen ändern ihr Verhalten. Das ist das Verblüffende daran.

Beispiele

1. Eine Bekannte von Margit, die früher bei persönlichen Treffen wie auch per Telefon stundenlang über die Krankheiten irgendwelcher Personen erzählt hatte, fasste sich fortan kurz und ruft Margit seit ein paar Wochen überhaupt nicht mehr an – **weil sich Margit zu einem PUNKT entschlossen hatte.**

2. Eine Nachzahlung von über tausend Euro, die Brigitte viele schlaflose Nächte bereitet hatte, raubte ihr keineswegs mehr die innere Gelassenheit. Ihre Besorgtheit darüber war einfach verschwunden. **Weil sich Brigitte für einen PUNKT zu diesem Thema entschlossen hatte.**

3. Ein früherer Freund von Petra, der sie täglich mit nervigen Handynachrichten überschüttet hatte, meldet sich nicht mehr. **Weil sich Petra zu einem PUNKT entschlossen hatte.**

4. Mit ihrer provisorischen Kücheneinrichtung kommt meine Mutter jetzt wunderbar zurecht, seit sie sich für einen PUNKT zu diesem Thema entschlossen hat: **»Ich habe zurzeit keine neue Küche. So ist es. ›... und Punkt!‹«**

Zwei Zauberworte ... und so wirksam! ☺

Meine Akzeptanz

- Ich erkenne mein Bedürfnis nach Ablenkungsmanövern an.
- Ich gestehe mir ein, dass ich gerne meine Zeit totschlage.
- Ich bekenne vor mir selbst, dass ich mich damit zum/zur Handlungsunfähigen stemple.
- Ich bin mir dessen bewusst, dass ich mich lieber austrickse, anstatt das Nötige zu tun.
- Mir ist klar, dass ich damit einen Wesenszug meiner selbst verleugne: meinen Willen.
- Belanglosigkeiten sollen mein (langweiliges?) Dasein füllen.
- Ich kann jederzeit damit aufhören.
- Ich kann entschieden einen PUNKT setzen.

Übung 3

1. Versuche einen kurzen Aufsatz zum Thema »Was Zeit für mich bedeutet. Welche Rolle spielt die Zeit in meinem Leben.«

2. Bitte antworte so spontan wie möglich:

a. »Welchen scheinbaren »Gewinn« habe ich davon, wenn ich meine Zeit mit Unwichtigkeiten verstreichen lasse?«

b. »Wovor drücke ich mich wirklich?«

c. »Wie stark schätze ich meinen Willen ein?«

Beurteilen

Meiner Ansicht nach zählt das Beurteilen von Personen, Dingen, Situationen, Zufällen ... zu den auffälligsten menschlichen Gewohnheiten. Jedes Urteil kann aber immer nur die subjektive Meinung des Einzelnen im Hinblick auf eine x-beliebige Situation sein, wodurch eine Art Scheuklappensicht entsteht. ⇨ *Das ist gut, das ist schlecht. Dieses ist richtig, jenes ist falsch. Herr Huber ist böse. Frau Müller ist wild. Kakteen sind hässlich, Bullterrier sind gefährlich. Junge Kätzchen sind lieb.* Bestimmt ließe sich ein Buch mit hunderttausend Seiten mit solchen Beurteilungen füllen! Trotzdem würdest du darin bestimmt keine Antwort auf die Frage finden: »Wie bleibe ich konstant glücklich, zufrieden und erfolgreich?« Urteile zu fällen, halte ich besonders dann für ein riskantes Unterfangen, wenn eine Angelegenheit nicht so verläuft, wie mein kleines Ich es will. Ein Beispiel: Meine Mutter war vor Jahren in einen Mann verliebt, den sie unbedingt heiraten wollte. Sämtliche Liebesmanöver ihrerseits, diesem Herrn die schönen Seiten einer legalisierten Partnerschaft näher zu bringen, scheiterten – bis sie sich schließlich trennten. Wenn sie heute daran zurückdenkt, sagt sie jedes Mal: »Bin ich froh, dass ich den Kurt nicht geheiratet habe.« Weder Analysen oder Interpretationen noch irgendein (hartes!) Urteil über den heiratsunwilligen Mann konnten die Trennung verhindern. Dieses Dreiergespann hat auch nichts dazu beigetragen, dass sich meine Mutter infolgedessen frei und glücklich gefühlt hat. Im Gegenteil! Ich bin sogar der Meinung, dass ihr die persönliche »Begutachtung« – die Beurteilung – dieser Beziehung, (die sich oft als Hader oder mutterseitige Tränenflut zeigte, wie ich mich erinnere) das Gute daran zu sehen verwehrte.

Noch vor zwei, drei Jahren fiel es mir manchmal sehr schwer, die Realität so zu sehen, wie sie ist. Auch heute passiert es noch ab und zu, dass ich mich aufgrund kategorischer Urteile, ⇨

1. Sonntag frühmorgens aufzustehen ist etwas für Dumme …
2. Weißes und Buntes zusammen in einem Waschgang ist cool …
3. Amtswege sind lästig ...

um ein paar Beispiele zu nennen, von der Realität entferne:

1. Sonntag vormittags müsste ich das Chaos auf meinem Computertisch ordnen ...
2. Ich habe kein einziges weißes Hemd mehr ...
3. Mein Pass benötigt ein aktuelles Foto ...

😐 Oft malte ich mir in Tagträumen Situationen aus, die **vielleicht** eintreffen könnten. Durch das Weiterspinnen dieser Gedanken entfernte ich mich immer weiter von den gegebenen Tatsachen ... und irgendwann befand ich mich dann in einer »anderen« Welt. Ich wusste fast nicht mehr, wo ich wirklich »lebte«. Bis mich ein Schockereignis aus dieser halb realen, halb illusionären Welt zurückholte – die Trennung von meiner Freundin. Nach dieser kalten Dusche fiel es mir wie Schuppen von den Augen und ich erkannte schmerzhaft, dass mein Leben, so wie es war, einem Kartenhaus glich. Ein unerwarteter Windhauch genügte und es stürzte ein ... Na und? Jetzt ist die richtige Zeit für Veränderungen! ☺

Denke nie gedacht zu haben,
denn das Denken der Gedanken
ist gedankenloses Denken! ☺

Von frühester Kindheit an sind wir es gewöhnt, Menschen, Dinge und Situationen zu beurteilen. Kindererziehung im üblichen Sinn besteht meiner Ansicht nach hauptsächlich aus Urteilen: *Brave Mädchen sind gut, schlimme Buben sind schlecht. Gehorchen ist gut, Widerstand ist böse. Mädchen dürfen weinen, Jungen nicht. Wenn sie es doch tun, sind sie keine »richtigen« kleinen Männer. Im Wald spazieren gehen ist bei Tageslicht schön, aber in der Nacht gefährlich.* Ich denke, diese paar Beispiele genügen, um jene Engstirnigkeit aufzuzeigen, die mit jedem einzelnen Urteil einhergeht. Lassen wir in den obigen Sätzen die Beurteilungen weg, entsteht folgender Text: *Mädchen sind Mädchen, Buben sind Buben. Gehorchen ist gehorchen, Widerstand ist Widerstand. Mädchen weinen oder nicht, Jungen weinen oder nicht. Im Wald spazieren gehen bei Tag und Nacht ist im Wald spazieren gehen bei Tag und Nacht. Es ist, wie es ist. »... und Punkt!«*

Wenn du beide Beispieltexte vergleichst und ein bisschen auf dich einwirken lässt ... wirst du staunend feststellen, wie beengend sich der erste Teil anfühlt – und wie erleichtert du auf den zweiten Teil reagierst. Im ersten Teil ist alles determiniert: So und NUR so ist das. Im zweiten Teil ist genügend Platz, damit die Weisheit Gottes ihr Geheimnis darin lüften kann ...

Ich halte es für eine sehr kluge Entscheidung, wenn wir das Beurteilen Schritt für Schritt aufgeben – weil sich daraus eine andere Vorgehensweise als die uns bekannte ergeben kann: gemeinsam mit dem lieben Gott sozusagen. Wenn ich zum Beispiel am Tag UND in der Nacht völlig frei und unbedarft durch einen Wald spaziere, wähle ich damit die Fülle aller mir zustehenden Möglichkeiten. Warum, fragst du? Weil ich es damit der höchsten Intelligenz, die du Gott, Universum, Liebe oder höheres Selbst nennen kannst, leicht mache, mir Hinweise oder Zeichen zukommen zu lassen. Trau ich mich nur bei Tag in den Wald, besteht diese Möglichkeit nur zur Hälfte. Noch ein Beispiel: Wenn ich nebelige Novembertage als grausig beurteile und nur aus dem Haus gehe, wenn die Sonne scheint ... nehme ich nur einen halben Lebensausschnitt in Anspruch, obwohl mir ALLES ☺ zusteht.

Die Wertvorstellungen unserer Eltern waren DEREN Urteile über dies und das, die wir seit unserer Kinderzeit fraglos glauben. Kein Wunder also, dass wir uns heute als Erwachsene so schwer damit tun, vorurteilslos an eine Sache heranzugehen. Auch mir gelingt es noch nicht immer sofort, einen Menschen oder eine Situation wertfrei zu sehen – aber es gelingt mir schon ein paar Stunden später, indem ich »... und Punkt!« denke! Schluss damit, aus, Ende. Schluss mit dem fragwürdigen Versuch, ein Urteil über etwas oder jemanden aus meinem begrenzten Ich heraus zu fällen. Schluss mit kategorischen Aussagen. Schluss, aus, Ende. Oft dauert es nur ein paar Minuten, bis sich ein wohltuendes Freiheitsgefühl einstellt, eine Art Entlastung, die meine Sinne für Unbekanntes öffnet, sodass ich die höchste Intelligenz – Gott – die Richtigkeit des Geschehens – spüren kann. ☺
Mehr ist nicht zu tun.

Meine Akzeptanz

- Ich erkenne meine Gewohnheit an, Urteile zu fällen.
- Ich gestehe mir ein, dass mich meine Urteile oft von der höchsten Weisheit trennen.
- Ich bekenne vor mir selbst, intelligenter als Gott sein zu wollen.
- Urteile sind subjektive Meinungen. Diese sind in der höchsten Weisheit bedeutungslos.

- Ich bin mir bewusst, dass meine Urteile nur ein Fragment darstellen.
- Mir ist klar, dass ich mir damit selbst Grenzen setze.
- Ich kann jederzeit mit dem Urteilen aufhören.
- Ich kann entschieden »... und Punkt!« denken.

Übung 4

1. Füge bitte rasch, ohne nachzudenken, Eigenschaftswörter an den leeren Stellen ein.

Ich begegne einem ___________ *Mann.*

Das ist eine _______________ *Schlange.*

Sommertage sind _________________.

Dieses Bild ist _________________.

Ich habe einen ___________ *Vorgesetzten.*

Meine Beine sind ________________.

Der Film war wirklich _____________.

Schließe mit der Feststellung: »Das sind meine subjektiven Urteile. Ich kann sie jederzeit weglassen, wenn ich will.« Schreibe nun die obigen Sätze noch einmal auf, aber ohne deine Beurteilungen und danach die Zauberformel ⇨ *Ich begegne einem Mann – »... und Punkt!« Sommertage sind Sommertage – »... und Punkt!« Usw.*

2. Schreibe auf ein Blatt Papier einen kurzen Aufsatz zu einem selbst gewählten Thema, das dich fasziniert. Im Anschluss daran lese die Geschichte aufmerksam und markiere mit einem Leuchtstift sämtliche Beurteilungen. Du wirst dich wundern, wie viele das sind!
   Wenn es dir Spaß bereitet, schreibe den Aufsatz noch einmal OHNE Beurteilungen – um den Qualitätsunterschied (Schwere – Leichtigkeit) zwischen Aufsatz 1 und Aufsatz 2 zu spüren.

Gedankenstrudel

Hannelore, eine Freundin meiner Mutter, beklagt sich ständig über das »Rad, das in ihrem Kopf rennt«, besonders morgens beim Aufwachen. Was sie damit meint, kannst du als Gedankenstrudel, Wirrwarr oder den »ganz normalen Wahnsinn« bezeichnen. Wenn das Hirnrad zu laufen beginnt, scheint es so, als würden sich unzählbar viele Gedanken in einem Wettkampf befinden und um den ersten Platz streiten. »Wann habe ich heute meinen ersten Termin? Die Wäsche muss in die Maschine. Axel sollte ich anrufen. Oh Gott, ich vergaß, die Blumen zu düngen. Was hab ich denn da? Ein neues Muttermal? Die Kaufhäuser haben heute länger offen, gut. Ich sollte meinen Kleiderkasten entrümpeln. Katzensand ist alle. Wen lade ich bloß nächstes Jahr zu meinem Geburtstag ein?« Und so weiter und so fort. Leider ist es oft so, dass du in deiner Gedankenspirale gefangen bist. Sprichwörtlich gesagt beißt sich die Katze hier in den eigenen Schwanz! Du bist derart in deinem Gedankenstrudel eingeschlossen, dass das Naheliegende und das Einfache fast immer auf der Strecke bleiben. 😐 Der Gedankenstrudel raubt dir ein großes Stück von deiner Entscheidungsfreiheit, weil du immer wieder an den Ausgangspunkt zurückkehrst. ⇨ »Ich sollte heute beim Finanzamt anrufen, weil ich für meine Steuererklärung eine Ratenzahlung beantragen möchte. Hoffentlich ist es noch nicht zu spät. Ich sollte zuerst die Post holen, vielleicht haben sie mir geschrieben. Was ist, wenn ich alles auf einmal zahlen muss? Ich könnte auf die Bank gehen und vorsorglich um einen Kredit anfragen. Mittagspause! Müll wegbringen! Einkaufen sollte ich auch! Gut, mache ich halt das zuerst. Aber stopp ... auf dem Rückweg vom Einkaufen ist die Bank garantiert schon geschlossen ... und beim Finanzamt ist bestimmt auch kein Parteienverkehr mehr!« Und am nächsten Tag geht das Spiel von vorne los. 😐

Sollte dir dieser Wirrwarr bekannt vorkommen, freue ich mich ganz besonders, dass du mein Buch liest. Du kannst nämlich gegen diese anstrengenden, zeitraubenden, nervtötenden Gedanken etwas tun! Du kannst entschieden »... und Punkt!« denken. Erinnerst du dich? Wenn ein Schöpfer von Tatsachen »... und Punkt!« denkt ... dann IST Punkt.

Sei dir bitte dessen bewusst, dass DU – und nur du – über deine Gedanken herrschst. Du bist nicht auf der Welt, um dich selbst zu verwirren. Du verdienst Klarheit, Struktur, Übersicht und Ordnung! Um dies zu erreichen, musst du die Macht deines Geistes gezielt einsetzen, indem du die Zauberformel denkst. Schluss mit dem Wirrwarr, Schluss mit dem Gedankenstrudel, Schluss mit dem ganz normalen Wahnsinn, Schluss damit. Aus. Ende.

Bitte verstehe mich richtig. Es ist weder verboten noch schlecht, sich in einem gedanklichen Durcheinander zu verlieren. Ich will bloß aufzeigen, dass dir kein noch so gewaltiger Gedankenstrudel jenes Ergebnis beschert, das du wirklich willst: ein konstant zufriedener, glücklicher Mensch zu sein. Hannelore: »Ich kann das nicht stoppen ... wenn das Rad im Kopf zu laufen beginnt, habe ich schon verloren.« Wenn es dir ähnlich ergeht, wäre genau jetzt der richtige Moment für eine Umpolung ⇨ »Ich kann das. Ich kann meine rotierenden Gedanken stoppen, wenn ich wirklich will.«

Meine Akzeptanz

- Ich erkenne mein Bedürfnis an, mich selbst zu verwirren.
- Ich gestehe mir ein, dass ich damit die Haltung eines Opfers einnehme.
- Ich bekenne vor mir selbst, dass ich mich vor Klarheit drücke.
- Gedankenstrudel sind Ablenkungsstrategien.
- Ich bin mir dessen bewusst, dass ich damit auf meine Entscheidungsmacht verzichte.
- Mir ist klar, dass ich lieber unfähig bin.
- Ich kann damit jederzeit aufhören.
- Ich kann entschieden »... und Punkt!« denken.

Übung 5

Um deinen Gedankenstrudel in den Griff zu bekommen, schlage ich dir einen kleinen Trick vor. Immer dann, wenn das Rad in deinem Kopf zu laufen beginnt, schaust du *gestoppte zwei Minuten* ein Kärtchen an, das du mit einem der folgenden Symbole versehen hast (aus Zeitung oder Foto ausschneiden, zeichnen oder malen ...)

- großer roter Punkt auf schwarzem oder gelbem Hintergrund
- große orange Sonne auf dunkelblauem Himmel
- großer roter Apfel auf grünem Hintergrund
- große gelbe Grapefruit auf schwarzem Hintergrund
- große Orange auf grünem Hintergrund
- großer schwarzer Mond auf hellblauem Himmel

Interpretieren

Bestimmte Verhaltensweisen anderer Menschen zu interpretieren, halte ich für genauso riskant wie sie zu beurteilen. Riskant deswegen, weil sich die Engstirnigkeit meines kleinen Ichs auf jeden Fall mit hineinmischt – und ich daher auf keinen Fall zu einem ganzheitlichen Ergebnis kommen kann! Ein Beispiel: Nach der Trennung von meiner Freundin habe ich natürlich versucht, ihr so plötzlich anderes Verhalten auf meine Weise zu interpretieren. Wohlgemerkt, auf MEINE Weise! Das bekomme ich erst jetzt so richtig beim Schreiben dieses Kapitels mit. Ich habe nächtelang versucht, für Monikas Forschheit und auch für ihre fallweise Kälte mir gegenüber eine Entschuldigung zu finden ... indem ich kurz nach der Trennung alle möglichen Geschichten, Begründungen und Erklärungen hineininterpretierte: *Sie mag mich nicht mehr. Sie hat einen anderen. Nur deshalb hat sie mich verlassen. Sie will mir wehtun, weil ich nicht immer »gut« zu ihr war. Warum reagiert sie nicht auf meine Anrufe? Will sie mit mir nichts mehr zu tun haben, weil ich klammere oder lästig bin? Dabei hab ich doch versucht, immer für sie da zu sein! WIESO tut sie mir das an?*

Das Schlimmste an derartigen Interpretationen ist das Festhalten daran. Kaum jemand lässt eine andere Meinung zu und er versperrt sich damit selbst die Möglichkeit eines neuen, im Idealfall LIEBEVOLLEN Blickwinkels auf die gegebene Situation. »Wer hat schon immer eine objektive Sicht?«, höre ich dich grummeln. Damit hast du Recht. Wenn du dich aber dem Großteil der Menschen anschließt, die lieber auf ihrer eigenen Interpretation eines x-beliebigen Ereignisses beharren, anstatt auf die Weisheit darin zu horchen ... schickst du sogar die **Chance** weg, einen Hauch dieser höheren Weisheit zu erhaschen! Leider übersehen wir viel zu oft, was IST ...! ☹

Sei ehrlich. Haben dir deine Interpretationen zu konstantem Erfolg und zu dauerhaftem Liebesglück verholfen? Haben sie dich zu einem rundum zufriedenen Menschen gemacht?

NEIN.

Bei mir hat es ungefähr drei Wochen gedauert, bis ich rückblickend auf meine zwei Jahre mit Monika zu dieser Einsicht kam. »... und Punkt!« Schluss damit. Aus. Ende. Heute, ein halbes Jahr später, denke ich so darüber: »OK, wir sind nicht mehr zusammen; wir hatten viele schöne gemeinsame Stunden und manchmal auch weniger schöne. Wir hatten Spaß miteinander, aber jetzt ist die Zeit reif für uns beide, etwas Neues zu beginnen. Sie hat ihre Interessen und ich meine. Sie weiß, was sie will. Ich weiß, was ich will. Und das werde ich auch verwirklichen!«

»... und Punkt!« ☺

Nun wieder zu dir. Möglicherweise hast du auch schon oft dein Hirn überanstrengt. Hast stundenlang Ausreden für das Verhalten anderer Menschen gesucht, du kannst das auch »Beschönigen« nennen – anstatt beherzt in den Spiegel zu schauen und einen Hauch der noch verborgenen Botschaft zu erahnen.

»In dem Moment du dich entschließt,
deine eigene Interpretation aufzugeben,
wirst du die Gottesbotschaft sehen.«
»Ein Kurs in Wundern«

Solange du versucht bist, Verhaltensweisen anderer Leute zu interpretieren, ist der Fokus deiner Aufmerksamkeit eben bei den ANDEREN statt bei dir. Du entfernst dich immer weiter weg von **deinem** Verhalten, von **deinen** Stärken und Schwächen, von **deinen** Träumen und von **deinen** Zielen, bis du dich schließlich ganz aus den Augen verlierst ... Dazu bist du aber nicht auf der Welt! Hier passt jetzt der Lebensleitspruch meiner Mutter: *Ich bin auf der Welt, um glücklich zu sein!* Oh, wie Recht sie damit hat. Und wie genial einfach ihre Spiegelgesetz-Methode® ist ... Mir ist es in relativ kurzer Zeit gelungen, anhand der vier Schritte das wirkliche »Geschenk« – die höhere Botschaft – meiner damaligen Freundin anzunehmen: In ihrer forschen Art kann ich heute mein eigenes selbstsicheres Auftreten gespiegelt sehen, das mir irgendwann abhanden gekommen war. Monika wusste auch immer alles besser und redete ständig drein, das nervte mich. Wo ich früher alles Mögliche in ihre Besserwisserei hineininterpretierte und damit ihr oftmaliges Ins-Wort-Fallen entschuldigte, kann ich heute meinen eigenen gesunden Hausverstand und meine Schlagfertigkeit erkennen. Auch meine Katze Kitti, die ich leider einschläfern lassen musste, hielt mir ständig einen Wesenszug vor Augen, denn ich zugegeben erst jetzt allmählich an mir selbst gutheißen kann. Kitti suchte extrem oft meine Nähe. Ja, sie klammerte sich sogar an mich! Willst du meine Interpretation davon hören, bevor ich dir von Kittis »Geschenk« an mich erzähle? Hier ist sie: Weil meine Katze aus dem Wiener Tierschutzhaus stammte, interpretierte ich ihr oben beschriebenes Verhalten als gestört, lästig und überanhänglich. Ich ärgerte mich oft, wenn sich Kitti auf meine Oberschenkel setzte, während ich schrieb oder aß. Ich rastete aus, weil sich die Katze durch nichts abschütteln ließ! Dank der Spiegelgesetz-Methode® fand ich heraus, was mir Kitti in Wahrheit gespiegelt hatte: Dass ich – ja

ICH – die Fähigkeit besitze, *anderen nahe sein* zu können! Sie zeigte mir überdeutlich meine eigene *Anhänglichkeit*, die ich absolut nicht wahrhaben wollte.

Manche Leute würden sich am liebsten einen Orden verdienen, weil sie so treffende Interpretationen vollbringen. Es sieht oft so aus, als wäre der totale Durchblick gewährleistet, wenn Frau A oder Herr Z das (seltsame ... abstoßende ... auffällige ... usw.) Verhalten ihrer Eltern, Geschwister, Partner/innen oder Kollegen interpretieren. Zwei gute Freundinnen von mir können stundenlang darüber reden, warum jemand so ist, wie er eben ist! Sie interpretieren so lange diverse Eigenschaften von anderen Leuten, bis sie auf einen gemeinsamen Nenner gekommen sind. Die gegenseitige Bestätigung gibt ihnen dann das nötige Feuer zum Weiterinterpretieren. Ich sitze manchmal dabei, höre amüsiert zu, lächle einfach und denke mir meinen Teil ...

Wie schon erwähnt, bin ich der Meinung, dass Interpretationen nur gut gemeinte *Versuche* sein können, eine Erklärung oder Begründung für eine bestimmte Situation zu finden - ohne die WIRKLICHE, die HÖHERE Botschaft zu begreifen. Diese höhere Botschaft ist immer etwas vom eigenen Ich, das abgelehnt oder verurteilt wird und daher brachliegt. Es ist immer eine Eigenschaft, ein Wesenszug, ein Verhalten oder eine Fähigkeit von MIR, die ich in Gestalt einer anderen Person ... oder in einer bestimmten Situation mit meinem Haustier, mit meinem Auto, mit meinem Computer ... oder als Symptom an meinem Körper gespiegelt sehen kann! Wenn ich mir jedoch das Interpretieren nicht abgewöhnen möchte, werde ich blind mir selbst gegenüber bleiben ... Ich werde die vielen wertvollen Botschaften all dieser Spiegelbilder nicht sehen. Was im Klartext bedeutet, dass ich Eigenschaften, Wesenszüge, Verhaltensweisen und

Fähigkeiten missachte, obwohl ich sie HABE! Wozu soll das gut sein? Warum will ich mich minderwertiger darstellen, als ich in Wahrheit bin? Vielleicht helfen dir diese Fragen ein wenig auf die Sprünge. Meine Mutter wurde schon oft gefragt, wie das mit dem Spiegelgesetz funktioniert: »Wieso soll ausgerechnet ich dieselben Eigenschaften haben wie mein Gegenüber? Stimmt das wirklich?« Antwort von Christa Kössner: »Wenn ein Hase vor einem Spiegel sitzt und ein Löwe blickt ihm entgegen ... erkennt der Hase, dass er in Wahrheit ein Löwe im Hasenkostüm ist.« Ein anderes Beispiel: Wenn ich täglich mit einem Kollegen zusammenarbeite, dann ist er ein ziemlich deutlicher Spiegel für mich. Besonders, wenn mich an diesem Mann etwas stört oder ärgert. Denn genau das, WAS ich an meinem Spiegelbild ablehne, ist eine von vielen Wahrheiten über mich. Anstatt für diese Wahrheit dankbar zu sein, könnte ich mich natürlich auch mit einer Interpretation des Kollegen ablenken ... nur werde ich dann nicht zu dem Ergebnis kommen, das mir WIRKLICH weiterhilft - ich werde der Hase bleiben, obwohl ich ein Löwe bin!

Stundenlanges Interpretieren von Personen oder Situationen hat mich nie wirklich interessiert, deswegen brauche ich hier nur ganz selten »... und Punkt!« zu denken. Solltest du jedoch dazu neigen, dich in ausschweifenden Interpretationen zu verlieren, kannst du dich selbst mit der Zauberformel stoppen. Sage einfach: »... und Punkt!« Schluss damit. Aus. Ende. Diese Hirnakrobatik tue ich mir nicht länger an. ☺

Meine Akzeptanz

- Ich erkenne an, dass ich leidenschaftlich gerne interpretiere.
- Ich gestehe mir sogar einen gewissen Zwang dazu ein.
- Ich bekenne vor mir selbst, dass ich auf Hirnakrobatik stehe.
- Interpretieren bedeutet, etwas X-beliebigem meine eigene Version überzustülpen.
- Ich bin mir dessen bewusst, dass mich meine Interpretationen vom Wesentlichen fern halten.
- Mir ist klar, dass ich mich damit gegen ein Geschenk Gottes sperre.
- Ich kann jederzeit damit aufhören.
- Ich kann entschlossen »... und Punkt!« denken.

Übung 6

Spiel im Freundeskreis:

Schneide aus einer Illustrierten das Foto einer x-beliebigen fremden Person aus. Das Gesicht muss deutlich erkennbar sein. Dieses Foto legst du auf den Tisch und lädst deine Freunde ein, sich Notizen über diese Person zu machen.

Was denkt sie gerade? Wie fühlt sich diese Person? Wie sieht es mit der Gesundheit aus? Was ist ihr größter Kummer? Was ihr größter Wunsch? usw.

Zum Schluss lest ihr alle Interpretationen laut vor. Du wirst staunen!

Und die Moral von der Geschicht' ...
die Wahrheit wissen wir trotzdem nicht!

Kämpfen

»Das Leben ist nun mal ein Kampf!«, kommt dir diese Volksweisheit bekannt vor? Von wegen »Volksweisheit« ... ich würde diesen Ausspruch eher als Glaubenssatz bezeichnen, der dich und mich und viele andere zum Kämpfen auffordert. Das Unangenehme daran erscheint mir als unterschwellige Bedrohung: Was würde passieren, wenn sich jemand eine andere Weisheit zu Eigen macht? Zum Beispiel »Das Leben ist ein fröhliches Spiel« oder »Das Leben ist leicht« und sich damit dem Lebenskampf widersetzt? Antworten von Seminarteilnehmern aus den Spiegelgesetz-Workshops meiner Mutter: Dann gehe ich unter ... dann gehöre ich nicht dazu ... dann erreiche ich nichts ... und bleibe ein armes Schwein.

Ich behaupte heute, nach einigen »Überlebenskämpfen«, dass mir das »Kämpfen« um Anerkennung, um die Liebe meiner damaligen Freundin, um den Durchbruch als Discjockey und um ein sattes Bankkonto nicht das Ergebnis gebracht hat, das ich immer schon haben wollte: dauerhaften Erfolg, Liebesglück und Reichtum. Im Gegenteil: Dieses ewige Kämpfen laugte mich aus, machte mich müde, kostete mich Zeit und manchmal sehr viel Kraft. Viele meiner Anstrengungen waren, aus heutiger Sicht gesehen, sinnlose Unterfangen, weil sich mein Kopf oft Dinge eingebildet hat, für die es sich heute noch immer nicht lohnt zu kämpfen. Im Endeffekt waren das immer Ziele, die ich mir vorgegaukelt habe, ohne VORHER überlegt zu haben ⇨ WILL ich das überhaupt? Stundenlanges An-die-Decke-Starren war oftmals die Folge meiner Übermüdung, weil ich x-mal als Neuzeit-Don-Quichotte für falsche Ziele umsonst gekämpft hatte. Bitte verstehe mich richtig. Es geht nicht darum, den lieben langen Tag überhaupt nichts zu machen ... es geht darum ... das, was eben gerade anfällt, ohne Kampfansage und ohne MUSS zu tun. Dein Leben wird tatsächlich einfacher, wenn du mit dem Kämpfen aufhörst. Dazu gehört auch das Gegen-dich-selbst-Ankämpfen! Würdest du zum Beispiel deine Abneigung gegen Zahnarztbesuche oder deine Unlust, das Geschirr zu spülen, nicht länger bekämpfen, sondern als vollkommen zu dir gehörig akzeptieren ... wirst du sehr bald ein Wunder erleben – das Wunder der Selbstliebe. Je mehr du dich mit all deinen Eigenheiten magst, desto leichter wirst du dein Leben empfinden. ☺

Wenn du auf Kampf vorprogrammiert bist, kann es dir passieren, dass du in der Warteschlange vor der Supermarktkassa auszuckst oder dass du aggressiv auf einen Bettler reagierst. Es kann auch geschehen, dass du den harmlosen Blick einer Passantin missdeutest oder die graue Wand vor deinen Fenstern für deine Unzufriedenheit verantwortlich machst. Mit einem Wort, du siehst überall Angreifer, wo gar keine sind! Wer jedoch glaubt, im nächsten Moment angegriffen zu werden ... muss sich natürlich verteidigen, was wiederum Power kostet. Erkennst du dich wieder? Wenn ja, hast du jetzt die Chance, das Kämpfen und alle damit verbundenen Aktionen aufzugeben – **weil du deine Träume, Wünsche und Ziele auch anders verwirklichen kannst.**

Als ersten Schritt denke ⇨ »... und Punkt!« ☺

Schluss mit dem Kämpfen! Aus. Ende. Deine Entschlossenheit, für den jetzigen Augenblick einen Punkt unter deine Kampfmaßnahmen zu setzen, bewirkt eine Erholungspause. Einen Stillstand ... der infolgedessen deine verbissenen Gedanken wieder locker und frei werden lässt. Lasse es einfach geschehen ... gib nach ... lasse dich hineinfallen in die unbekannte Leere ... und du wirst sehr bald staunen, wie angenehm es sich anfühlt, wenn es nichts mehr zu be- oder erkämpfen gibt! Ich bin wirklich überzeugt davon, dass neue Ideen nur dann auftauchen können, wenn ich vorher für Frieden in meinem Kopf gesorgt habe.

Manche Leute beharren darauf, sich alles im Leben erkämpfen zu müssen – anstatt es sich leichter zu machen und ihre Kräfte dort einzusetzen, wo sie WIRKLICH immer wieder Früchte tragen: **in der Wertschätzung des eigenen Selbst.**

Worauf ich jetzt aufmerksam machen möchte, halte ich für sehr, sehr wichtig:

Die Zauberformel »... und Punkt!«
gilt immer nur für den jetzigen Augenblick.

Dieser Augenblick ist dann gekommen, wenn du Gewohnheiten stoppen möchtest ... um nachfolgend Luft zu schnappen, durchzuatmen, dein Gehirn zu entlasten und einen Stillstand zu erreichen. Selbstverständlich kannst du auch ein für alle Mal einen Punkt unter das Kämpfen, Bekämpfen, Erkämpfen ... sowie unter jede Form von Angriff oder Verteidigung setzen, wenn du begreifst, dass dir deine Kampfstrategien bis jetzt überhaupt nichts gebracht haben ...! Weil du noch immer nicht erreicht hast, was du willst: ein konstant zufriedener und erfolgreicher Mensch zu sein.

Ein Beispiel:

Nach der Trennung von meiner Freundin bildete ich mir ein, so rasch wie möglich eine neue Partnerin finden zu

müssen. Ich war so sehr darauf fixiert, mir neue Zweisamkeit zu erkämpfen, dass ich total darauf vergaß, was ICH wirklich will und was mir gut tut. Die befreiende Erkenntnis kam nach ein paar anstrengenden Wochen. ⇨ *So hat das keinen Sinn. »... und Punkt!« Mein Kopf muss zuerst einmal frei werden von all den hinderlichen Gedanken. Es ist sinnlos, etwas erzwingen zu wollen. Das hat einfach nicht den gewünschten Effekt.*

Diese Erkenntnis wirkte! ☺ Ich fühlte mich sehr rasch besser ... stärker ... leichter ...! Berufliche Ziele, die ich lange verdrängt hatte, tauchten zu meiner Freude wieder auf. Einen Abend pro Woche bin ich nun auch wieder als Discjockey in einem Wiener Lokal tätig. Ich achte wieder bewusst auf viel Bewegung in freier Natur beim Frisbee-Spiel, lese mehr und tue etwas für meine Fortbildung. Zusammengefasst darf ich sagen: Seit ich meiner früheren MUSS-und-KAMPF-Einstellung Adieu gesagt habe, fühle ich mich wesentlich authentischer und echter. Eine der schönsten Folgen davon möchte ich dir nicht vorenthalten. Eines Tages machte es ZACK - und ich lernte eine wirklich tolle Frau kennen. Um sie brauchte ich nicht zu kämpfen! Erstens, weil ich das Kämpfen schon lange vorher aus meinen Gedanken verabschiedet hatte, und zweitens, weil eine Fügung - und nicht mein kleines Ich - wollte, dass wir uns begegnen.

Christa Kössner:

Zum Thema »kämpfen« möchte ich auch ein paar Hinweise geben, die mittlerweile zu meinen goldenen Lebensregeln zählen. Mein Lebensleitbuch, »Ein Kurs in Wundern«, hat einiges dazu beigetragen, dass ich heute nur noch ganz selten um etwas kämpfe. Im Laufe der letzten Jahrzehnte habe ich für mich selbst erkannt, dass es sich nicht lohnt, um ein schwer zu erreichendes Ziel zu kämpfen. Nach vielen schwierigen Situationen als allein erziehende Mutter und mit potenziellen Partnern (nachzulesen in meiner Auobiographie »Mein göttliches Kind«, Ennsthaler 2004) bin ich mir heute gewiss, dass ich es mir leicht machen darf. Im Alltag sieht das ungefähr so aus: Wenn Gott, das Universum, mein höheres Ich ... eine Aufgabe für mich bereithält, dann kommt diese Aufgabe von selbst *auf mich zu. Wenn ich ein bestimmtes Ziel erreichen soll, das für meine Seele gut ist, dann horche ich auf meine Intuition und richte mich danach. Ich brauche weder um Liebesglück noch um Erfolg zu KÄMPFEN – ich brauche nur die Augen offen zu halten, um die vielen richtungsweisenden Zeichen in mein gemütliches Voranschreiten einzuordnen! Um etwas Bestimmtes zu ringen, bedeutet, dass der Kämpfende sich seines wahren Wertes nicht bewusst ist. Warum das so ist?* ***Weil von außen immer nur das gespiegelt werden kann, was dem momentanen Stand meines Selbstwertgefühles entspricht.***

Ein Beispiel: Bruno wünscht sich seit langem einen sehr gut bezahlten Job. Also begibt er sich auf die Suche, beantwortet Annoncen, tätigt viele Anrufe, stellt sich bei diversen Firmen vor. Bruno verfügt über eine fundierte Ausbildung und ist außerdem kontaktfreudig und vielseitig. Trotzdem sich Bruno ins berufliche Kampfesgetümmel geradezu hineinstürzt, werden seine Bewerbungen abgelehnt. Entschlüsselung: Von außen kann immer nur das Entsprechende kommen! Es sieht demnach so aus, als würde Bruno seinen wirklichen Wert nicht erkennen. Da ***müssen*** *selbstablehnende Gedanken sein, mit denen sich Bruno wertloser darstellt, als er ist! Diese geheimen Selbstbeschimpfungen spiegeln sich als dementsprechende BewerbungsABLEHNUNGEN ...! Bestimmt ist es für dich nachvollziehbar, wie aussichtslos es für Bruno wäre, um einen bestimmten Job zu KÄMPFEN, solange er an seinem wenig liebevollen Selbstbild festhält. Die wirkliche Lösung für Bruno liegt im*

Erkennen des eigenen Wertes – und **nicht im Bekämpfen seiner scheinbaren Mängel!** *Das Wort an meinen Sohn.*

Fassen wir zusammen. Kämpfen gehört meiner Meinung nach absolut nicht zu einem glücklichen Leben, weil es anstrengend und mühsam ist. Aufgaben, die ich lösen soll, und Ziele, die mir vorschweben, kommen ohnehin auf mich zu – und zwar dann, wenn der richtige Zeitpunkt dafür ist. Einen PUNKT unter jede Form des Kämpfens zu setzen, bedeutet aber nicht, Tage oder Wochen in Langeweile verstreichen zu lassen. Der Punkt bewirkt lediglich einen Schlussstrich. Schluss mit dem Kämpfen, Schluss mit Mühe und Plage, Schluss mit jeglicher Art der Selbstüberforderung!! Dein PUNKT unter das alles ist der Wegbereiter für etwas Neues: Du wirst sehr bald imstande sein, deine laufenden Pflichten und das im Augenblick Notwendige mit voller Konzentration, mit Muße, mit Freude und mit allen Sinnen zu tun! »... und Punkt!«

Meine Akzeptanz

- Ich erkenne meine Überzeugung an, dass man sich alles im Leben erkämpfen muss.
- Ich gestehe mir ein, dass mich das ewige Kämpfen müde macht.
- Ich bekenne vor mir selbst, dass ich selten/nie auf den leichten Weg vertraue.
- Um etwas kämpfen zu müssen, bedeutet mangelnde Selbstwertschätzung.
- Ich bin mir dessen bewusst, dass kämpfen dasselbe ist, wie mich zu verteidigen.
- Mir ist klar, dass ich mir damit selbst Freude, Leichtigkeit und Muße verwehre!

- Ich kann jederzeit mit dem Kämpfen aufhören.
- Ich kann entschieden »... und Punkt!« denken – in Wertschätzung meiner selbst.

Übung 7

Das Märchen von Zock, dem Marillenbaum

Es war einmal ein Marillenbaum, der aus seiner Art schlug. Während sich seine Brüder und Schwestern in völliger Gelassenheit auf den nächsten Frühling einstimmten, kämpfte Zock ständig um etwas. Anstatt sich im Winter auszuruhen, sprengte er vor lauter Kampfeslust seine dicksten Äste! »Wirst schon sehen, du kriegst mich nicht dran, du blöder Winter du, ich bin der erste blühende Baum im Mai!« Der Frühling kam wie jedes Jahr. Ringsherum begannen die Bäume zu blühen ... Marillen-, Äpfel- und Kirschenbäume ließen in voller Pracht die warmen Sonnenstrahlen auf sich wirken und genossen das Summen der Bienen auf den Blüten. Nur bei Zock geschah nichts ... Keine einzige Blüte tat sich auf ...! »Hmmmm, was soll das?!«, ärgerte sich Zock. »Wirst schon sehen, dummer Frühling, ich nehme es mit dir auf!« Dann verbog er mit höchster Anstrengung seine Äste in Richtung Sonne. Knack! Und noch einmal knack. Zwei dicke Äste brachen und hingen wie lahme Flügel herunter. Das laute Knacken hatte zudem drei Bienen erschreckt, die gerade im Anflug auf Zocks Baumspitze gewesen waren. Der Sommer kam wie jedes Jahr. Die Früchte der Bäume ringsumher waren längst abgeerntet. Die Bäume verdösten meist die Mittagshitze bis hin zum Abend, wo sie dann gegossen wurden. Zock nützte diese Gelegenheit natürlich aus, um gegen seine Brüder und Schwestern zu gewinnen. »Ha! Die schlafen ja alle. Das ist meine Chance!« Gedacht, getan. Zock schüttelte sich so kräftig, dass nicht nur seine dürren Äste herunterfielen, sondern auch viele grüne Äste mitrissen. Über 30 Grad zeigte das Thermometer, als Zocks Krone entzweibrach. Die sengenden Sonnenstrahlen trafen nun mit voller Wucht auf das Innerste des Baumes. »Ächz ... tut das weh ...«, seufzte Zock. Doch schon im nächsten Augenblick war es mit seinem Nachgeben vorbei: »Mit mir nicht!«, schleuderte er kampflustig in den Himmel. Der Herbst kam wie jedes Jahr. Die Wiesen waren bereits von buntem Laub übersät. Gab das ein Gekichere und Gelächter unter den Bäumen, wenn die Herbststürme hereinfegten! Nur Zock als Einziger fand keinen Grund zum Lachen. Seine Blätter hatten sich schon im August gelb verfärbt und waren zu Boden gefallen. Deswegen spürte er jetzt die kalten Herbststürme besonders unangenehm im nackten Geäst, das von einstiger Pracht noch übrig geblieben war. Um Kraftreserven zu mobilisieren, plusterte Zock seinen Stamm ein letztes Mal auf. Knack … und dann noch einmal knack … Die Rinde zerriss! Aber das war noch nicht alles. Als der Stamm mitten entzweibrach, verspürte Zock einen sehr großen Schmerz. Der Winter kam wie jedes Jahr. Die ersten Schneeflocken purzelten vom Himmel und umhüllten sanft jenes traurige Gebilde, das einst ein Marillenbaum gewesen war.

1. Vermerke für dich selbst die prägnanten Stellen in der obigen Geschichte, die als Auslöser für seine »Kampfansage« (?!) dienten.

2. Formuliere mit deinen Worten jene negativen Glaubenssätze (seine lieblosen Gedanken), mit denen sich Zock selbst aufs Schlimmste schadete.

Leiden

Christa Kössner:

Aufgrund zahlreicher Erfahrungen in Seminaren und Workshops muss ich leider bestätigen, dass immer noch sehr, sehr viele Menschen am Leiden festhalten – wobei die Betonung auf dem Wort FESTHALTEN liegt. Ich erwähne hier ausdrücklich, dass ich weder mit Scheuklappen unterwegs bin noch so tue, als würde es in der Welt kein Leid geben. Es ist, wie es ist. Glück und Leid scheinen einander zu bedingen, gehören zusammen wie Plus- und Minuspol. Worauf ich allerdings hinauswill, ist zweierlei. Erstens halte ich es für möglich, selbst unter schwierigsten Situationen nicht leiden zu ***müssen****, und zweitens ist mir bewusst, dass Leid weiteres Leid nach sich zieht – anstatt die ersehnte Freude, Zuversicht und Hoffnung ins eigene Leben zu bringen. Eine ernsthafte Erkrankung, der Verlust eines geliebten Menschen oder ein Schicksalsschlag zählen bestimmt zu den schwierigsten Situationen in unserem Leben. Schmerz und Trauer werden dann zu unseren Begleitern, bis der Schock überwunden ist und neues Licht in unser Herz schimmert. Genau dann ist es an der Zeit, das Leiden endgültig zu verabschieden. »... und Punkt!« Ich kenne Personen, die an Leidensgeschichten heute immer noch festhalten, obwohl diese zwanzig oder mehr Jahre zurückliegen. Immer wieder wird das traumatische Erlebnis erzählt, zum hundertsten Mal analysiert und zum tausendsten Mal fließen Tränen. Nein, ich erlaube mir kein Urteil darüber. Es liegt mir nur am Herzen, jene Selbstquälerei aufzuzeigen, die sich die Betroffenen damit selbst zufügen.* ***Es ist nicht das Leid an sich, das mir das Leben erschwert – sondern das Festhalten daran!*** *Leid beschert mir wei-*

teres Leid – wenn ich den Fokus meiner Geisteskraft auf LEIDEN konzentriere statt auf Heilung, Freude, Liebe und Erfolg. Viele glauben auch, dass Liebe und Leid zusammengehören, so ungefähr ⇨ Je mehr ich leide, desto liebesfähiger bin ich. So ein Schwachsinn! Ich bitte um Vergebung wegen meiner deftigen Worte, aber sie sind ehrlich. Kein noch so intensives Leidensdrama kann mich in einen glücklichen Menschen verwandeln ... sowie mich auch keine Selbstquälerei in den Himmel heben kann!

»... und Punkt!«

Vielleicht erinnerst du dich an den Film »Alexis Sorbas« mit Anthony Quinn in der Hauptrolle? Als das Lebenswerk von Alexis Sorbas – eine Materialseilbahn – vor seinen Augen zusammenbricht, ergibt sich der weise Mann NICHT seiner großen Enttäuschung und dem damit verbundenen Leid ... sondern klatscht in die Hände und beginnt, Sirtaki zu tanzen. Diese Szene drückt deutlich aus, worum es hier wirklich geht: Dass wir tatsächlich immer die Wahl haben, ob wir leiden möchten oder nicht! Das Wort nun an meinen Sohn.

Nun, das klingt alles sehr einfach, nicht wahr? Aus eigener Erfahrung muss ich bestätigen, dass wir gerade bei zerbrochenen Partnerschaften oft sehr schwer aus dem alten Trott herausfinden. Kann es sein, dass du dich in dem Punkt wiedererkennst? Ist es nicht so, dass du dachtest, der/die Verflossene war die einzige große Liebe deines Lebens? Hast du nicht auch schon mit dem Gedanken gespielt, dass du so eine/n wundervolle/n Partner/in nie wieder finden würdest? Auch ein verstorbenes Haustier löst meistens viel Schmerz aus. Trotzdem hat man nach einer kurzen Trauerphase den Verlust überwunden. Der Vergleich ist vielleicht nicht ganz passend, dennoch geht es mir um DEIN Erkennen, was in solch traurigen Situationen in deinem Kopf vorgeht. Du kannst das Geschehene nicht mehr rückgängig machen. Auch nicht durch noch so viel Leid. Vorbei ist vorbei. Du siehst, dass meine Gedanken zum Thema »Leiden« ein bisschen anders klingen, als du vielleicht gewohnt bist. Denn ich bin absolut davon überzeugt, dass dir die Zauberformel »... und Punkt!« helfen kann, deine Selbstquälerei – die letztlich nur zu totaler Erschöpfung führt – ☹ – zu stoppen. Schluss damit. Aus. Ende.

Es gibt sehr wohl auch leidvolle Situationen, wo die Zauberformel »... und Punkt!« nicht sofort greift. Es geht ja hier nicht um Vorschläge oder Regeln, sondern um den Versuch einer Aufklärung darüber, dass eine Wende heraus aus dem Leid jederzeit möglich ist. Nicht unsere »große und lange« Leidensfähigkeit halte ich für ausschlaggebend, diese heilende Wende herbeizuführen, sondern die Liebesfähigkeit zu uns selbst und zu allem, was ist. Oder glaubst du etwa, jemand würde sein Leiden auf Jahre oder gar Jahrzehnte ausdehnen, der sich selber mag? Kann es sein, dass du davon überzeugt bist, kein Recht auf Leidensfreiheit zu besitzen? Darfst du bestimmen, dem Leid Adieu zu sagen, weil du schon genug gelitten hast – oder darfst du es nicht? Wenn du dir diese oder ähnliche Fragen in einer stillen Stunde ehrlich beantwortest, kannst du deinen selbst auferlegten Verboten – **die nichts mit Selbstliebe zu tun haben** – sehr leicht auf die Spur kommen. Wer, meinst du, entscheidet das Maß, wie schwer oder wie lange du zu leiden hast? Bitte glaube mir, die höchste, allumfassende Weisheit hat mit deinem Leid nichts zu tun. Aus noch unerfindlichen Gründen tust DU dir das an. Es sind immer nur DEINE Überzeugungen, die dich dazu veranlassen, ein Leben voller Tränen und Leid zu führen! Du könntest dich wirklich jetzt sofort auf etwas anderes konzentrieren, wenn du wirklich willst, und damit den Weg heraus aus dem Leid einleiten. Dazu bedarf es nur eines kleinen Zwischenschrittes, den ich in diesem Buch schon oft erwähnt habe: **Du kannst entschieden »... und Punkt!« denken.** Schluss mit meiner Selbstquälerei. Aus. Ende. Dieser Stopp bewirkt den für dich so dringend notwendigen Stillstand. Er ist der Beginn einer Erholungspause, die du brauchst, um überhaupt etwas anderes wahrnehmen zu können als Frust und Leid.

Meine Mutter wurde schon öfter gefragt, wie man körperliche Schmerzen ertragen kann, ohne darunter zu leiden. Ihre Antwort: *»Indem ich den Schmerz nicht von irgendeinem bösen Gott oder einem schlechten Schicksal zu mir geschickt sehe, sondern als Spiegelbild meiner eigenen Lieblosigkeit zu mir selbst.« Das bedeutet mit anderen Worten: Wenn es dir gelingt, deinen Schmerz als deine eigene Kreation zu sehen, wirst du sehr rasch tiefe Dankbarkeit empfinden. Infolgedessen kannst du zum Beispiel auch mit deinem wehen Rücken oder mit deinem dick geschwollenen Hals sprechen: »Danke, dass du mich spüren lässt, wie sehr ich mein Bewusstsein auf Schmerz und Leid ausrichte. Ich akzeptiere dich, mein Schmerz, als von mir selbst herbeigeführt. Das ist momentan in Ordnung für mich. Trotzdem halte ich es für möglich, einen PUNKT darunter setzen zu dürfen.« Schon ein solch kurzes Zwiegespräch kann eine Erkenntnis bewirken, die wie Balsam durch deinen Körper fließt.* ⇨ *Aha, ich muss unter meinen körperlichen Schmerzen nicht leiden ... ich könnte meine Leidensmelodie in etwas anderes verwandeln ... in Akzeptanz zum Beispiel ... oder in Dankbarkeit. »... und Punkt!«*

1994 hatte ich einen schweren Motorradunfall. Meine damals 3 Monate junge, sehr teure Honda 750 war ein Totalschaden. Kein einziges Teil befand sich mehr daran, das nicht irgendwie beschädigt worden war. Da ich den Unfall selbst verschuldet hatte, wurde mir von der Versicherung nichts ersetzt. Ich selbst kam recht glimpflich davon, nur mein Schlüsselbein war gebrochen und ein paar Kratzer zierten meinen Körper. Nach ein paar Tagen Bettruhe wurden meine körperlichen Schmerzen erträglich. Ich hatte damals viel Zeit zum Nachdenken und deswegen ließ ich den Unfall – vor allem den schmerzlichen Verlust meines geliebten Bikes, das nun als Wrack am Straßenrand lag – immer wieder wie einen Film vor mir ablaufen. Und plötzlich, aus einer Eingebung heraus, wusste ich ... erkannte ich ... spürte ich in jeder Gehirnzelle ... **das Befreiende daran:** »Ich kann es nicht mehr ändern. Es ist passiert.« »... und Punkt!« ☺

Es gibt unzählbar viele Situationen, unter denen wir es **gewohnt** sind zu leiden. Wir kennen nichts anderes, weil für uns die kollektive Meinung immer noch mehr zählt als etwas Neues und Ungewöhnliches. Ich erlaube mir, ein Beispiel aus dem Erfahrungsschatz meiner Mutter zu erzählen, das überdeutlich aufzeigt, was ich damit meine:

Elke ist seit kurzem Witwe. Sie fand ihren Gatten, der sich stets bester Gesundheit erfreut hatte, tot im Bett vor, als sie von der Gymnastikstunde heimkam. Schock und Trauer begleiteten Elke in den nächsten Wochen, bis sie sich dann doch spontan zu einer Urlaubswoche in den Bergen entschloss. Im Kreise anderer Feriengäste fühlte sich Elke zusehends wohler. Sie begann wieder zu lachen und zu scherzen und nahm am gemeinsamen Abendprogramm teil. Elkes Leid schien tatsächlich überwunden zu sein ... bis sie dem Ehepaar XY beim gemeinsamen Spaziergang vom plötzlichen Tod ihres Mannes erzählte. »Und nach solch einem Verlust können Sie Urlaubsfreuden genießen? Viel Liebe kann da wohl nicht gewesen sein zwischen Ihnen und Ihrem Mann!« Der Kommentar von Herrn und Frau XY traf Elke wie ein Keulenschlag. Sie kam sich so schlecht vor, dass sie ihren Urlaub abbrach!

Wir kennen nichts anderes ... Der Verlust eines geliebten Menschen MUSS scheinbar in furchtbar langes Leid münden, weil es 99 % der Menschheit so beschlossen haben. Gibt es dennoch den einen oder anderen Versuch, einen neuen Weg heraus aus dem Leid einzuschlagen, ⇨ Urlaub machen, scherzen, neue Freunde suchen ... wie das obige Beispiel zeigt, wird er herabgewürdigt und im Keim erstickt. Kollektive Meinungen sind machtvoll – aber nur deswegen, weil wir uns das Nachdenken ersparen wollen. ⇨ »Stimmt das wirklich auch für mich?« Es gehört sicher eine Portion Mut dazu, sich selbst aus der Masse des Kollektivs herauszuheben und zu behaupten: »Ich habe beschlossen, dass ich genug gelitten habe. ›... und Punkt!‹« Das ist kraftvoll! DAS wäre die Aussage eines Wesens, das seinen Selbstwert erkannt hat. Unser Selbstwertgefühl lässt sich aber niemals durch Leiden auffüllen! Es kann natürlich schon sein, dass sich nach einer längeren Leidensperiode ein Hoch einstellt. Wir fühlen uns kurzfristig wie neu geboren ... aber dahinter wirkt nach wie vor unsere Überzeugung, dass dieses Glücksgefühl nur deswegen da ist, weil wir vorher GENUG gelitten haben, und damit ist neues Leid schon vorprogrammiert. Ich schließe mich der Überzeugung meiner Mutter voll an, wenn sie behauptet: »Ich selbst habe die Macht der Entscheidung, ob ich unter einer Situation leiden möchte oder nicht.« Auch in »Ein Kurs in Wundern« findet sich eine ähnliche Aussage: »Die Macht der Entscheidung ist dein.«

Meine Akzeptanz

- Ich erkenne meine Überzeugung an, noch immer nicht genug gelitten zu haben.
- Ich gestehe mir ein, dass ich zum Leiden auf der Welt bin.
- Ich bekenne vor mir selbst, dass ich mir manchmal beachtet vorkomme, wenn ich leide.
- Leiden bedeutet, Gottes Fürsorge, Stärke und Liebe zu missachten.
- Ich bin mir dessen bewusst, dass ich mich gerne selbst quäle.
- Mir ist klar, dass ich mir damit verwehre, konstant zufrieden und glücklich zu sein.
- Ich kann jederzeit mit dem Leiden aufhören.
- Ich kann entschieden »... und Punkt!« denken – aus Liebe zu mir selbst.

Übung 8

Suche so viele Alternativen wie möglich.
Was würde jemand in der Situation **tun** (anstatt darunter zu leiden und passiv zu bleiben), **der sich selber wirklich gern hat**?

1. Vom Partner verlassen worden …
2. Plötzliche Kündigung des Jobs …
3. Schulden, Minus auf dem Konto …
4. Ein geliebter Mensch ist verstorben …
5. Verlust eines Haustiers …
6. Krankheit, Symptome …
7. Einsamkeit, Gefühl des Alleinseins …
8. Generelles Minderwertigkeitsgefühl …

Missionieren

Im volkstümlichen Sinn verstehen wir unter »missionieren« ein Verhalten, das du auch als Helfersyndrom bezeichnen kannst. Im schlimmsten Fall geht das Missionieren so weit, dass sich der/die davon Betroffene/n sogar als »Retter der Welt« fühlen. Ich weiß, wovon ich spreche. Gerne erzähle ich dir von Seminarteilnehmern meiner Mutter:

Bei Schritt 2 der Spiegelgesetz-Methode® angelangt, haben die Leute nach dem Entschlüsseln der wahren Botschaft auch ihren negativen Glaubenssatz (Verbote, Befürchtungen, Urteile usw.) gefunden und ausgesprochen:

- *»Ich muss für alle da sein, sonst habe ich kein Recht zu leben.«*
- *»Man muss helfen, egal ob man will oder nicht.«*
- *»Ich muss unbedingt meinem Mann aus seiner Krise heraushelfen.«*
- *»Ich besuche dieses Seminar nur, weil ich nachher anderen beistehen muss.«*
- *»Meine Gefühle zählen nicht – nur die meiner Familie.«*
- *»Ich finde keinen Lebenssinn für mich allein.«*
- *»Durch Verzicht auf alles Schöne rette ich die Welt.«*
- *»Ich bin nur etwas wert, wenn ich für die anderen rund um die Uhr da bin.«*

Du siehst, wie verbreitet das Missionieren ist, weil es sich gerne unter dem Deckmantel des »Gut-Seins« versteckt. Anderen Menschen zu helfen, ist bestimmt eine wunderbare Sache! Wenn sich jedoch ein MUSS dazu einschleicht

... oder die Angst, nichts wert zu sein ... oder etwa die Befürchtung, als Egoist abgestempelt zu werden ... wenn man ausnahmsweise einmal nur an sich selber denkt, geschieht das Helfen nicht mehr aus einem Herzensbedürfnis heraus, sondern verwandelt sich in eine Art Zwangshandlung. Nur von DIESEM zwanghaften Missionieren spreche ich hier. Erkennst du dich wieder? Kommt es dir bekannt vor, wenn jemand zu Hause alles liegen und stehen lässt, um auf der Stelle und in Windeseile einen Freund zu besuchen, dem gerade langweilig ist? Ist es dir schon passiert, dass du jemand X-Beliebigen stundenlang und ziemlich mühsam von deiner Meinung überzeugen wolltest? Glaubst du, deine Mutter, deinen Vater, deine Geschwister oder deine Freunde »retten« zu müssen/können, wenn sie unglücklich sind? Gibt es dir etwas, eine fremde Person von deinen Ansichten über dies und das, über Gott und die Welt, mit einem gewaltigen Redeschwall zu überzeugen? Kommst du dir unwichtig vor, wenn du nur dir selber hilfst? ☺

All diese Fragen können dir ganz leicht auf die Sprünge helfen, wenn du wirklich bereit dazu bist. Bereit wozu? Antwort: Das Missionieren mit all seinen begleitenden Formen (helfen **müssen**, überzeugen **müssen**, retten **müssen**, stets für andere da sein **müssen** und Ähnliches) zu stoppen: »... und Punkt!« Wie viel Zeit hast du wohl schon damit verbracht, andere zu missionieren? Haben dir diese vielen Stunden Engagement für andere Menschen das Ergebnis gebracht, das du dir wünscht? NEIN. Vielleicht klingt dieses Nein ein bisschen hart für dich. Wenn du aber ehrlich zu dir selber bist, wirst du es wahrscheinlich bestätigen müssen. Du willst ein zufriedener, ausgeglichener, erfolgreicher Mensch sein, nicht wahr? Dieses Ziel zu erreichen, ist möglich! Es ist sofort möglich, indem du entschieden einen PUNKT unter das Missionieren setzt.

Schluss damit. Aus. Ende. Aus der Erkenntnis heraus, dass jeder Erwachsene SELBST für seine Lebensumstände, für seine Gesundheit und für seine Gefühle verantwortlich ist, wird dir deine Entscheidung leicht fallen. »... und Punkt!« Damit stoppst du ein Verhaltensmuster, mit dem du dich jedes Mal als Letzter in einer Warteschlange anstellst. Nicht die anderen sind wichtiger als du ... nicht das Missionieren und Helfenmüssen ist wichtiger als du ... sondern DU bist wichtig, DEIN Leben ist wichtig, DEINE Gefühle sind wichtig und DEINE Ziele sind wichtig.

Dieses immer und überall »Helfenmüssen« lässt sich durchaus als Ablenkungsmanöver bezeichnen. Würde es rund um dich keine anderen geben, die von dir ständig etwas brauchen ... wärst du auf dich selbst zurückgeworfen und müsstest vielleicht deinen geheimen Ängsten ins Auge blicken. ☺ So quasi: »Wie würde ich bloß meine Freizeit ausfüllen, wenn ich Zeit hätte, etwas **für mich** zu tun? Ich kann mich doch nicht mit den unangenehmen Dingen meines Lebens beschäftigen (!!), wenn einem Freund langweilig ist oder sich eine Bekannte in Selbstmitleid wälzt?!« Noch einmal: Es geht hier nicht darum, jemandem Unterstützung zu verweigern. Es geht nur um die begleitende Zwanghaftigkeit, um das MUSS! Wunderbar, wenn du einem Freund mit Rat und Tat zur Seite stehst oder einer alten Dame beim Einkaufen hilfst, wenn sie dich darum bittet. Ich glaube, dass wir mit uns selbst im Reinen sein sollten, um wie ein »echter Missionar« aus dem Herzen heraus handeln zu können. Im Klartext meine ich damit: Ein wirklicher Helfer ist energiegeladen, ausgeglichen und voll Freude bei seiner Tätigkeit. ☺

Hast du Lust zu einem kleinen Experiment? Ja? Dann erinnere dich bitte an die letzten sieben Tage. Schreibe das jeweilige Datum auf einen Zettel und liste darunter jede Aktion auf, wo du für andere unterwegs, tätig oder in »Missionarsgespräche« verwickelt warst. Ganz wichtig ist, dass du dich bei jedem einzelnen Satz fragst ⇨ »Wenn ich das **nicht** gemacht hätte, was wäre dann meiner Meinung nach geschehen und wovor hätte ich mich gefürchtet?« (In Anlehnung an die Spiegelgesetz-Methode®, Schritt 2: »Finden des lieblosen Glaubenssatzes«) Ich bin sicher, du wirst ziemlich staunen, wie sehr dein Zwang zu missionieren an lieblose Gedanken und falsche Vorstellungen geknüpft ist!

Christa Kössner:

Wirklich helfen kann nur jemand, der mit sich selbst so liebevoll verbunden ist, dass die eigenen Werte, die eigenen Gefühle, die eigenen Ziele und die eigene Gesundheit an erster Stelle stehen. Mit sich selbst in Einklang zu sein, ist etwas sehr Kraftvolles. Die Verbindung zur eigenen Seele ist genauso wie eine reale Liebesbeziehung. Erst damit ist die von Mustern befreite Voraussetzung gegeben, anderen Menschen helfen zu können. Wie auch das Buch »Ein Kurs in Wundern« bestätigt: »Es genügen zwei, die sich um einer guten Sache willen verbinden. Den Rest wird Gott erledigen.« Weil hier von ZWEI Wesen gesprochen wird, habe ich meiner Seele einen Namen gegeben: Chrissie. Ein kleiner Trick, der wunderbar funktioniert. ⇨ Christa und Chrissie sind ein Team gemeinsam mit dem lieben Gott.

»... und Punkt!«

Meine Akzeptanz

- Ich erkenne meine Überzeugung an, dass ich helfen MUSS – sonst ...?
- Ich gestehe mir ein, dass ich nur dann ein guter Mensch bin, wenn ich missioniere.
- Ich bekenne vor mir selbst, dass ich mich oft zum Helfen zwinge.
- Missionieren bedeutet, auf Gottes Hilfe zu verzichten.
- Ich bin mir bewusst, dass mein Leben leer wäre ohne Helfersyndrom.
- Mir ist klar, dass ich mir damit verwehre, auf mich selbst zu achten.
- Ich kann jederzeit damit aufhören.
- Ich kann entschieden »... und Punkt!« denken – aus Mitgefühl zu mir selbst.

Prinzipien

Die »Prinzipien« fehlten im ersten Entwurf des Inhaltsverzeichnisses. Da jedoch meine neue Freundin offenbar viele Prinzipien hat, brachte sie mich spontan auf die Idee dieses Kapitels. Meine persönliche Definition des Wortes »Prinzip« lautet: »Ein Prinzip ist ein in sich verkapselter Gedanke, an dem der/die Betroffene auf keinen Fall etwas verändern will – oder noch treffender formuliert – verändern darf.« Vielleicht fragst du dich, was ein Prinzip mit »dürfen« zu tun hat? Wo es doch meistens so aussieht, dass Menschen mit Prinzipien als willensstarke Persönlichkeiten auftreten. Ich vermute genau das Gegenteil. An Prinzipien orientierte Personen beharren deswegen so stark auf ihrer persönlichen Meinung, weil sie genau in dem betreffenden Punkt zur Unsicherheit neigen. Sie fürchten Neues und kratzen deshalb nur ungern an der Fassade ihrer zubetonierten Meinung. Das ist weder gut noch schlecht. Es ist halt so. Ich kritisiere hier nicht, sondern möchte aufzeigen, dass uns Prinzipien von der Verbundenheit mit dem Ganzen fern halten können. Jedes Prinzip, auf dem ich bestehe – und wie! –, ist eine Grenze und somit ein Nein. ☹

Jedes Prinzip ist ein Glaubenssatz, mit dem ich immer wieder ähnliche Situationen hervorrufe. Ich verwehre mir damit selbst neue, wunderbare Erlebnisse, Zufälle und Informationen, die meinen Horizont erweitern würden!

Kehren wir zum Wort »dürfen« zurück. An einem Prinzip DARF keinesfalls gerüttelt werden – so die Überzeugung vieler. Was steckt dahinter? Welche Befürchtung, welche Angst? Was würde Schreckliches passieren, wenn ich mein Prinzip aufgebe und mich auf etwas Neues einlasse? Du kannst dir diese Frage gerne stellen und horchen, was dann in dir hochsteigt ... es könnten auch bildhafte Szenen auftauchen. Bleibe dran. Du bist auf der richtigen Spur, eine lieblose und somit falsche Vorstellung in deinem Bewusstsein zu entlarven. Und genau DIESE falsche Vorstellung versteckt sich hinter deinem Prinzip!! Vor diesen Bildern/ Szenen möchtest du dich schützen, indem du ein Prinzip »dagegen« erfunden hast.

Als Beispiel ein Prinzip meiner neuen Freundin Bettina:

Ich plane immer einen ganzen Tag im Voraus.

Anders formuliert ⇨ *»Ich darf mich nicht auf etwas Unvorhersehbares einlassen!«*

Es scheint so zu sein, dass Bettina hinter dem Unvorhersehbaren automatisch eine Gefahr wittert: »Es könnte etwas Furchtbares passieren. Vielleicht gerate ich in eine Situation, die ich nicht schaffen kann ...?!« 😐

Menschen mit Prinzipien verteidigen diese meistens vehement. »SO – und nur so – ist das ... will ich das!« Es wird unglaublich viel Kraft investiert, an der eigenen Sichtweise festzuhalten. Wenn jemand sehr viele Prinzipien gegen den Lebensfluss errichtet hat, gehören Müdigkeit und Erschöpfungszustände fast schon zur Tagesordnung. Leider suchen die Betroffenen oft an der falschen Stelle nach der Ursache: Das miese Wetter ist schuld ... die Autofahrer sind schuld ... meine kleine Wohnung ist schuld ... mein Chef, meine Kindheit, mein Hund, mein Aussehen ... ist schuld, dass ich mich so ausgelaugt fühle. In Wirklichkeit sperren sich die Leute gegen Bewegung und somit gegen das Leben selbst – weil sie aufgrund ihrer Prinzipien auf der Stelle treten. Wenn du dich jetzt angesprochen fühlst, könntest du dir jetzt etwas bewusst machen: »Ich MUSS meine Prinzipien nicht für immer und ewig aufrechterhalten. Ich könnte sie mir ansehen. Könnte die Folgen davon recherchieren. Könnte meine Ängste entlarven, die ich spüre, wenn ich mein Prinzip und den darunter liegenden, negativen Glaubenssatz aufgebe. Ich könnte authentisch handeln und mir damit etwas Gutes tun.« ☺

Christa Kössner:

Wie schon erwähnt, sind Prinzipien nichts anderes als starre Gedanken – Glaubenssätze genannt. Wenn du nun feststellst, dass du dir mit deinen eigenen starren Gedanken selbst schadest ... weil dir zum Beispiel immer wieder dasselbe »Unglück« passiert ... hast du die Möglichkeit, dein Prinzip mit der Spiegelgesetz-Methode® herauszufinden, auszusprechen und aufzuheben. Du brauchst keine Vorbildung dazu. Nur die Bereitwilligkeit, dich auf eine andere Meinung zu einem bestimmten Thema und damit auf eine neue Sichtweise einzulassen. Kraft deiner Gedanken bist du Schöpfer von Tatsachen! Ein Beispiel:

Monika nimmt an Montagen prinzipiell keine Einladungen an. Montag ist Putztag. So war es schon immer und so soll es auch bleiben. Selbst den Polterabend ihrer besten Freundin hat Monika aus diesem Grund versäumt. Auch einen Lichtbildervortrag über Australien, Monikas heiß ersehntes Urlaubsziel ... das Festessen zum 20-jährigen Firmenjubiläum ... und so weiter und so fort. »Immer fällt alles Schöne ausgerechnet auf einen Montag!!«, ärgert sich Monika, »Montag ist aber mein Putztag, das ist mein Prinzip!« Um den darunter verborgenen negativen Glaubenssatz aufzustöbern, stellt sich Monika folgende Frage: »Was ist gefährlich daran, wenn jemand X-Beliebiger sein Prinzip einfach fallen lässt?« Monikas Antwort: »Er müsste sich auf etwas Unbekanntes einlassen, das könnte gefährlich sein.« »Welche Gefahr?« »Dass die anderen mit ihm machen, was sie wollen.« »Wie sieht das genauer aus?« »Man wird ausgenützt! Und für alles Mögliche rund um die Uhr herangezogen!« »Und wenn man sich dagegen wehrt ... nein sagt ... was passiert dann?« »Man wird schlecht gemacht und schließlich vergessen.«

Der lieblose Glaubenssatz ist entlarvt. Versteckt hinter Monikas Prinzip »Montag ist Putztag«, wirkt er in folgendem Gedanken ⇨ Wenn ich montags ausgehe, werde ich schlecht gemacht und vergessen. Monika DARF es sich daher nicht erlauben, an Montagen auszugehen – solange sie **diesen** *Glaubenssatz bejaht, obwohl er falsch ist. Falsch deswegen, weil er Lieblosigkeit zu sich selbst bestätigt. Monika versagt sich damit Lebensfreude, neue Perspektiven, Flexibilität und so manches wunderbare Montag-Abenteuer! Schritt 3 der Spiegelgesetz-Methode® sieht ein kleines Ritual vor. Der lieblose Glaubenssatz wird mit einem Dankgebet verbrannt. Im vierten und letzten Schritt kann sich Monika auf einen liebevollen Gedanken einstellen. Zum Beispiel: Ich liebe Abwechslung. Von Tag zu Tag bin ich flexibler! Ich gebe wieder an meinen Sohn weiter:*

Bettina und ich lernten uns bei einer Firmenfeier kennen. Ich war dort als Discjockey engagiert. Durch Zufall ergab sich ziemlich bald ein nettes, kurzes Gespräch mit einer hübschen Frau. Ich hatte ja meine Arbeit zu machen: Musik und Unterhaltung für die vielen anwesenden Gäste. Kurzum, wir verloren uns wieder aus den Augen. Stunden später sah ich gerade noch, wie Bettina ihre Jacke nahm und den Saal verlassen wollte. Also lief ich zu ihr hin und drückte ihr rasch entschlossen meine Telefonnummer mit der Bitte, mich anzurufen in die Hand. Prompt folgte ihre Antwort ⇨ »Das tue ich aus Prinzip nicht«, und schon war sie bei der Tür. Im letzten Moment gelang es mir dann doch noch, ihr ins Ohr zu flüstern: »Du versäumst etwas ...« Eine Woche später erhielt ich eine SMS von Bettina. Sie wollte mich treffen. Das taten wir dann auch und seit diesem Date ist uns beiden klar, dass wir zusammengehören.

Hätte sich Bettina damals nicht einen Ruck gegeben und einen PUNKT unter ihr Prinzip »So etwas tue ich nicht« gemacht, wären wir uns wahrscheinlich nie wieder begegnet. Seit damals gelingt es immer öfter, dass Bettina immer mehr ihrer Prinzipien aufdeckt. Sie überdenkt ihre früher getroffenen Urteile neu und konnte schon einige mithilfe der Zauberformel »... und Punkt!« hinter sich lassen. Es wird uns beiden immer klarer, dass ein glücklicher, leichter und erfolgreicher Weg nur ohne starres Denken möglich ist! ☺ Prinzipien verhindern das Mitfließen im Strom des Lebens, versperren oft und auch oft die Schönheit des gegenwärtigen Augenblicks und bestätigen das eigene, absolute Nein zu allgegenwärtiger Weisheit. Ich halte es daher für eine sehr kluge Entscheidung, einen PUNKT unter dein prinziporientiertes Denken zu setzen.

Sage dir: »Ich habe mein halbes / ganzes Leben auf diesem oder jenem beharrt. Ich wollte damit unbedingt Recht haben und verwehrte mir damit selbst ein großes Stück Freiheit.« Denke entschieden: »... und Punkt!« Schluss damit. Aus. Ende. Es kann nicht oft genug betont werden, dass die Zauberformel »... und Punkt!« einen Stillstand in deinem Geist bewirkt. Oh, wie angenehm ...! Du brauchst deine Prinzipien nicht länger zu verteidigen. Du brauchst niemanden mehr davon zu überzeugen. Kannst durchatmen, dich erholen ... in einer Art Gedankenstille. Und genau diese Gedankenstille halte ich für die optimale Voraussetzung, um die leichte Durchführbarkeit der Spiegelgesetz-Methode® zu garantieren. »... und Punkt!«

Meine Akzeptanz

- Ich erkenne meine Überzeugung an, dass Prinzipien mein Leben bereichern sollen.
- Ich gestehe mir meine Angst vor dem Unvorhersehbaren ein.
- Ich bekenne vor mir selbst, dass ich Grenzen für glückliche Zufälle errichtet habe.
- Auf Prinzipien zu beharren bedeutet, Gott auszusperren.
- Ich bin mir dessen bewusst, dass ich nur einen kleinen Ausschnitt vom Leben erfahren will.
- Mir ist klar, dass ich mir damit Wunder verwehre.
- Ich kann jederzeit damit aufhören.
- Ich kann entschieden »... und Punkt!« denken – aus Liebe zu mir selbst.

Übung 9

Beobachte dich ab jetzt besonders beim Sprechen. Achte darauf, WIE und mit welcher Betonung du zum Beispiel ein Nein zu jemandem aussprichst. Klingt es lauter als deine anderen Worte? Spürst du dabei Aggression? Härte? Wird dein Körper dabei steif? Dein Rücken? Vergisst du, trotz deines Neins freundlich zu bleiben? Je mehr Ja's auf diese Fragen, desto sicherer kannst du sein, es mit einem deiner Prinzipien zu tun zu haben.

Vergangenheit

»Der einzig wahre Gedanke,
den man in Bezug auf die Vergangenheit haben kann, ist:
***dass sie nicht da ist.**«*

»Ein Kurs in Wundern«

Klingt einfach und auf den Punkt gebracht, nicht wahr? Was geschehen ist, ist geschehen. So WAR es. Obwohl hier klar und deutlich ausgedrückt ist, wie wir mit der Vergangenheit umgehen könnten, ja sogar sollten, halten sich nur wenige daran. Vielfach aus Gewohnheit oder auch nur, um Gesprächsstoff zu haben, erzählt man sich alte Schreckensgeschichten. Noch interessanter scheinen jene Vergangenheitserzähler auf andere zu wirken, die vielleicht zum 30., 40., 50. Male wegen einer früher gemachten Erfahrung in Wut geraten oder in Tränen ausbrechen. »Du Armer, was du alles mitgemacht hast ... du Arme, so lieblos wurdest du behandelt?« ☹ So ähnlich klingt wahrscheinlich die Anteilnahme der Zuhörenden. Bitte verstehe mich richtig. Ich übe daran weder Kritik, noch mache ich mich lustig. Es ist nur mein Anliegen aufzuzeigen, dass wir frühere Erlebnisse erst dann wirklich abschließen können, wenn wir **zunächst damit aufhören, die Geschichten andauernd zu erzählen.** »... und Punkt!« Jedes Mal aussprechen, bedeutet jedes Mal DORT zu sein – in der Vergangenheit! Und jedes Mal dort zu sein, bedeutet höchstwahrscheinlich dieselben Gefühle zu empfinden wie damals. Auch daran gibt es für mich nichts zu kritisieren. Denn wenn sich jemand dafür entscheidet, in der Vergangenheit zu leben – anstatt heute, hier und jetzt – dann ist und bleibt es eben seine eigene Entscheidung. Was ich aber noch hinzufügen möchte, ist wichtig ⇨ **Es ändert nichts.** Niemand verwandelt sich dadurch in einen glücklichen, zufriedenen, erfolgreichen Menschen! Selbst die fünfzigste ... hundertste Erzählung einer vergangenen, schlimmen Situation macht diese nicht ungeschehen ...! Meine Mutter wird immer wieder gefragt, wie es zu schaffen ist, Hass, Neid, Wut und Aggressionen loszuwerden, die immer dann auftauchen, wenn von früheren, schlimmen Erfahrungen gesprochen wird. Ihre Antwort: »In den Spiegel schauen und die EIGENEN Urteile und Verbote ... die EIGENEN lieblosen Überzeugungen und die EIGENEN negativen Glaubenssätze – durch welche eben diese traumatische Situation hervorgerufen wurde – als falsch entlarven und aufheben.« ☺

Im Spiegel deines Gegenübers, ob früher oder jetzt, siehst du immer nur dich selbst. Du siehst sowohl deine positiven Seiten wie auch deinen Schatten. Das sind DEINE ins Unbewusste verdrängten, hart verurteilten Eigenschaften, Talente, Fähigkeiten und Stärken. Mit der Spiegelgesetz-Methode® kannst du diese in ihrem Kern so wunderbaren, doch leider verborgenen Seiten von dir ganz leicht ausfindig machen und ebenso dein negatives Urteil, den falschen Glaubenssatz dagegen, aufgeben. »... und Punkt!«

Liebe Leser, ich habe punkto Vergangenheit vielleicht einen kleinen Vorteil gegenüber anderen. Schon als Kind und ebenso in der Pubertät lebte ich immer in der Gegenwart. Ich dachte manchmal schon über frühere Erlebnisse nach, aber nicht, um sie zu kritisieren oder zu beweinen – sondern um daraus zu lernen. Mein Glaubenssatz war und ist: Es WAR so, doch es muss nicht immer so sein! Besonders durchs Schreiben wird mir täglich immer stärker bewusst, dass ich wirklich die Macht habe, mein Leben so zu gestalten, wie ich es möchte! ☺

In der New-Age-Szene wird viel von der Wichtigkeit des »Loslassens« gesprochen. Wir sollen die Vergangenheit loslassen, um für die Gegenwart bereit zu sein. Schön und gut. Aber wie ist dieses Kunststück tatsächlich in praktischer Anwendung zu schaffen? Das Zauberwort heißt Vergebung (siehe später folgendes Kapitel). An dieser Stelle hier möchte ich dir gerne ein paar Tipps geben, die hauptsächlich *den Sinn des Wortes »vergeben«* betreffen:

Ver-geben ... weg-geben ... auf-geben ... her-geben ...
los-lassen ... wegfliegen lassen ... be-freien ... ent-lassen ...
ver-gessen ...

Jedes dieser Worte drückt dasselbe aus. Schluss. Aus. Ende. »... und Punkt!« Es ist vorbei und weg. Vielleicht ist dir aufgefallen, dass ein ziemlich gängiges Wort für »vergeben« in der kleinen Liste fehlt ⇨ Ver-zeihen. Ich schließe mich hier voll der Überzeugung meiner Mutter an, die besagt, dass wahre »Vergebung« nichts mit Verzeihen zu tun hat. Auch im Buch »Ein Kurs in Wundern« wird das bestätigt:

»Wer verzeiht, muss zuvor verurteilt haben.
Wahre Vergebung beruht auf der Erinnerung an Gott.
Und Gott verurteilt niemals.«

Fassen wir zusammen. Was passiert ist, ist passiert. Es ist vorbei. So WAR es. »... und Punkt!« Du kannst es nicht mehr ungeschehen machen. Du kannst dich damit nur aussöhnen und die Geschichte vergessen. Ich glaube, dass eine Portion natürlicher Intelligenz und Reife notwendig sind, um das Einfache am Loslassen überhaupt zu begreifen. ⇨ In dem Moment, in dem ein bestimmtes Ereignis passiert ist, gehört es schon zu deiner Vergangenheit. Selbst die größte Anstrengung kann die Zeit nicht zurückdrehen und nichts auf der Welt kann dieses bereits geschehene Erlebnis rückwirkend verändern. Du hast also aus meiner Sicht heraus nur EINE Wahl: Einen Gewinn für dich selbst daraus zu ziehen und dann zu vergessen. Den »Gewinn«, den ich hier anspreche, kannst du mit der Spiegelgesetz-Methode® rasch herausfinden. Es ist DEIN Geschenk – eine Eigenschaft, ein Talent, eine Stärke – von DIR, die sich aufgrund eines negativen Urteils hinter einem scheinbar negativen Ereignis versteckt. »Sobald dir etwas negativ vorkommt, erkenne Gottes Hand darin!«, sagt uns auch »Ein Kurs in Wundern«. »... und Punkt!«

Noch eine kurze persönliche Bemerkung: Würde ich an meiner Vergangenheit festhalten und sie ständig wiederkäuen ... wie könnte ich dann morgens aufstehen und mit einer gehörigen Portion Lächeln in den neuen Tag schreiten?

Meine Akzeptanz

- Ich erkenne meine Überzeugung an, vergangene Erlebnisse ändern zu wollen.
- Ich gestehe mir ein, viel Zeit in meine Vergangenheit zu investieren.
- Ich bekenne vor mir selbst, nicht vergessen zu können.
- Ständig an früher zu denken bedeutet, die Gegenwart zu missachten.
- Ich bin mir dessen bewusst, dass ich gerne grüble und gerne leide.
- Mir ist klar, dass ich dadurch im Hier und Jetzt viele wertvolle Zeichen übersehe.
- Ich kann loslassen, wenn ich will.
- Ich kann entschieden »... und Punkt!« denken – und damit mein gegenwärtiges Leben würdigen.

Widerstand

Mein innerer Widerstand ist manchmal deutlich spürbar. Er ist sogar augenblicklich spürbar, wenn ich an eine Schwäche von mir stoße. Hast du etwa geglaubt, ich hätte keine?

Oh doch. ☺ Was sich aber in den letzten Monaten daran verändert hat, ist ⇨ dass ich mit meinem Widerstand anders umgehen kann! In mir wehrt sich zum Beispiel etwas, wenn Geschirr spülen notwendig ist ... oder wenn ich meine Post ordnen sollte, die sich am Wohnzimmertisch türmt. Meine Abneigung dagegen war früher manchmal so heftig, dass ich in ein anderes Zimmer flüchtete oder überhaupt aus der Wohnung lief! Wenn heute mein Widerwille gegen besagte Pflichten aufsteigt, denke ich ⇨ »... und Punkt!« Ich halte inne, lasse mich kurz von meinem Widerstand so richtig durchströmen und atme durch. Durch diesen Stopp erlaube ich dem Widerstand, da zu sein ... ich akzeptiere ihn für diesen einen Moment – und das genügt! Früher hat das Annehmen meiner inneren Widerstände oft Wochen oder länger gedauert. Dementsprechend sah es in meiner Küche aus oder neben meinem Telefon, wo sich Briefe, Postwurfsendungen und Zahlscheine im Chaos vereinten. Irgendwann kam ich drauf, dass sich mein Widerwille keinesfalls durch Gegendruck aufheben lässt, indem ich mich ziemlich angewidert zum Geschirrspülen zwang. Denn das Ergebnis war ein nachfolgender, schmutziger Geschirrberg von fünf oder mehr Tagen. Mit einem Wort, der dauerhafte Erfolg blieb aus. Durch Zwang und Gegendruck kam ich nicht zu dem Ergebnis, das ich wollte: ohne viel Aufhebens Geschirr abzuwaschen und Spaß beim Ordnen meiner Post zu haben! Just während dieser frustrierenden Phase ergab sich das erste Autoren-Gespräch für dieses Buch mit meiner Mutter. Selbstverständlich probierte ich die Zauberformel »... und Punkt!« aus ... und zwar erstmals beim Anblick meines übervollen Altpapiercontainers. Schon längst hätte ich ihn leeren sollen! Aber da war eben dieser Widerstand und jedes Mal bis jetzt hatte ich ihm nachgegeben. »... und Punkt!« ... dieses Mal dachte ich entschlossen »... und Punkt!« Ließ mich von meinem Widerwillen kurz, aber heftig durchschütteln ... akzeptierte ihn damit als zu mir gehörig ... atmete durch ... und musste plötzlich lachen! Es kam mir tatsächlich absurd vor, mich von einem überfüllten Papierkübel terrorisieren zu lassen! Ich begriff plötzlich, dass ich meine Entscheidungsmacht abgegeben hatte ... Mir wird jetzt noch übel, wenn ich zusammenrechne, wie oft ich zugelassen hatte, dass mein Widerstand siegte! »... und Punkt!« Wie viel Weisheit steckt in diesen Worten. Entschieden »... und Punkt!« zu denken bedeutet, das Lebensruder wieder selbst in die Hand zu nehmen und anschließend dort hinzusteuern, wo dauerhafter Erfolg abgesichert ist: **in der Würdigung der eigenen Entscheidungsfreiheit** – und damit weg von nutzlosen Verhaltensmustern. ☺

Wenn auch du mit Widerständen zu tun hast, halte ich es für eine gute Idee, diese für einen innigen Moment lang voll und ganz zu akzeptieren - anstatt neuerlich Druck dagegen aufzubauen. Du darfst Widerstände haben. Du darfst auch widerwillig und so richtig sauer sein. Alles zu dir Gehörige darf sein - mit dem Einwand, dass du deinen Widerwillen gegen dies und das nicht ein Leben lang aufrecht halten musst! Das ist der kleine Unterschied, den ich vorhin meinte. Im Hinblick zu früher gehe ich heute entschiedener mit meinem Widerwillen um, indem ich ihm keine Macht mehr einräume. ⇨ Ich gestehe mir meine Abneigung nur noch für einen Moment lang zu, und zwar für den Moment, wo er spürbar ist. Ich akzeptiere ihn einfach - und entscheide mich dann sofort für einen PUNKT. Schluss damit. Aus. Ende. Bitte probiere es aus. Es ist für mich jedes Mal aufs Neue verblüffend, mich selbst als lustvollen Geschirrspüler zu erleben! Kurzum - ich fand eine Möglichkeit, wie man mit seinem inneren Widerstand besser umgehen lernt. Wenn du also etwas erledigen solltest, das du schon lange vor dir herschiebst ... weil du immer wieder einen Weg fandest, dich um etwas anderes zu kümmern, probiere bitte Folgendes aus. ⇨ Stell dir vor, du könntest zaubern und aus deiner Haut herausschlüpfen, sodass du jetzt neben dir stehst. Betrachte dich nun von außen ... Und was siehst du? Eine Person, die sich mit Händen und Füßen gegen etwas sträubt, das es im Grunde gar nicht wert ist. Wenn ich diesen kleinen Trick anwende, muss ich meistens lachen. Denn ich sehe einen 30 Jahre alten, gestandenen Mann, der sich mit allen Mitteln gegen den Abwasch wehrt! Dann denke ich: Bin ich das wirklich? Um Himmels willen, nein. Dieses Verhalten gefällt mir nicht mehr an mir ... und deswegen mache ich jetzt Schluss damit. Aus. Ende. »... und Punkt!«

Christa Kössner:

Im Spiegel betrachtet, ist Widerstand immer ein Beweis für ein verschüttetes Talent, eine verdrängte Eigenschaft oder eine verborgene Stärke, die der/die Betroffene HAT, aber zu wenig oder gar nicht auslebt. Widerstand ist demnach etwas Positives! Weil die dahinter stehende Kraft eine nicht gelebte Eigenschaft des/der Betroffenen ankündigt. Wenn du einen besonders starken Widerwillen gegen etwas Bestimmtes hast, kannst du daraus auf die große Kraft jenes negativen Glaubenssatzes schließen, mit dem du dir selbst bestimmte Eigenschaften, Verhaltensweisen, Talente und Stärken zu leben verwehrst. Glaubenssätze stammen meistens aus dem Gedankengut unserer Eltern: Das Leben ist hart. Ohne Mann bist du nichts. Ohne Job landest du in der Gosse. Beim Essen liest man nicht. Sex ist unkeusch. *Um nur einige zu nennen. Kinder lieben ihre Eltern – und deswegen glauben sie ihnen alles.*

Es wird daher begreifbar, dass Kinder die (lieblose) Realität der Eltern fraglos als wahr annehmen - und zwar so lange, bis im Leben des nunmehr erwachsenen »Kindes« die ersten unangenehmen Spiegelbilder auftauchen. Eines der obigen Beispiele ⇨ Ohne Mann bin ich nichts. Davon ist Ruth überzeugt. Sie ist ständig auf Partnersuche, aber der Richtige war noch nicht dabei. Der eine war Alkoholiker, der nächste war faul, der Dritte hatte eine geheime Freundin, der Vierte war Spieler ... Ruth versteht die Welt nicht mehr ... Sie ist hübsch und intelligent, im besten Alter! Alle Haarfarben hat sie schon ausprobiert, um den Männern zu gefallen ... dennoch ging auch die letzte Beziehung auseinander. Und jetzt kommt das Entscheidende: Solange Ruth den Glaubenssatz (ihrer Mutter!) »Ohne Mann bin ich nichts« bejaht, wird sie sich emsig wie eine Biene auf Partnersuche begeben. Sie will ja schließlich JEMAND SEIN! Der Widerstand gegen einen Lebensabschnitt als Single ist enorm stark - und lässt demnach auf die ebenso enorme Wirksamkeit des Glaubenssatzes »Ohne Mann bin ich nichts« schließen. In Ruths Leben kann sich punkto erfüllter Partnerschaft erst dann wirklich etwas verändern, wenn sie erkennt, dass sie in diesem Punkt nicht selber denkt - sondern immer noch die Meinung ihrer Mutter gutheißt! Das Wort wieder an meinen Sohn.

Hier knüpfe ich gleich an. Auch unter die Meinung anderer Personen kannst du einen PUNKT setzen! Der Punkt empfiehlt sich besonders dann, wenn du dir mit Statements, Aussagen und Überzeugungen anderer DEIN Leben erschwerst. Selbst durch Sprichwörter, einfach so dahingesagt, kannst du ungute Situationen realisieren. Ein Beispiel: *»Der Spatz in der Hand ist besser als die Taube auf dem Dach«. Anders ausgedrückt bedeutet dieser Spruch, dass du dich lieber mit dem Kleinen, dem Wenigen begnügen sollst, anstatt etwas Größeres anzustreben. Gleichgültig, von wem du das immer wieder gehört hast – DU bist derjenige, der sich seine eigene Meinung dazu bilden sollte. Tust du es nicht, würdest du dich stets mit dem Kleinen begnügen ... obwohl vielleicht etwas Größeres auf dich wartet! »... und Punkt!« Schluss mit der Meinung anderer Personen. Aus. Ende. Sage dir ⇨ Ich mache mir jetzt mein eigenes Bild, weil ich auf der Welt bin, um glücklich zu sein!*

Meine Akzeptanz

- Ich gestehe mir meine inneren Widerstände zu.
- Ich bekenne meinen (zeitweiligen) Widerwillen gegen dieses und jenes.
- Widerstand ist ein Zeichen für nicht gelebte Eigenschaften und Stärken.
- Ich bin mir dessen bewusst, durch Widerstand etwas hinauszögern zu wollen.
- Mir ist klar, dass mich mein Widerwille nicht von meiner Aufgabe befreit.
- Ich kann meinen Widerstand aufgeben.
- Ich kann entschieden »... und Punkt!« denken – und damit ungelebte Eigenschaften von mir fördern!

Übung 10

Suche dir für möglichst jeden Buchstaben eine **Eigenschaft** aus, die **einen Widerstand in dir hervorruft**. Ist deine Liste vollständig, suche das Positive dieser Eigenschaft – den wahren Kern. Hilfefrage: »Was kann jemand besonders gut, der ... ist?«

Zwei Beispiele:

- aggressiv
- zögernd

Was kann jemand besonders gut, der aggressiv ist?
Möglichkeiten ⇨ *hat Power ... lebt sein Potenzial ... ist mutig ... zeigt Gefühle ...*

Was kann jemand besonders gut, der zögert?
Möglichkeiten ⇨ *ist umsichtig ... handelt überlegt ... hat Geduld ... übt natürliche Vorsicht ...*

Je öfter du dieses Wortspiel praktizierst, desto leichter wirst du mit deinen Widerständen umgehen können, bis sie schließlich von selbst verschwinden (Wortspiel zur Spiegelgesetzmethode®, in allen Büchern von Christa Kössner nachzulesen).

Abschnitt 2

Gegen den Strom

Der Strom, von dem hier die Rede ist, scheint gewaltig und ziemlich dominant zu sein ... der Strom der Gesellschaft. Wenn zehntausend Personen einer Meinung sind, wird verständlich, warum sich der Zehntausenderste bedenkenlos der allgemeinen Meinung anschließt. So quasi ⇨ Wenn so viele Menschen dasselbe glauben, dann **muss** es doch stimmen! Wir sind es anscheinend gewohnt, der Quantität den Vorrang zu geben – anstatt über die QUALITÄT allgemeiner Gültigkeiten nachzudenken! Dennoch bleibt es immer nur unsere eigene Verantwortung, wenn wir mit Unlustgefühlen, mangelndem Erfolg oder Krankheit infolge kollektiven Negativdenkens konfrontiert sind. Selbst eine Million Menschen, die denselben Schwachsinn nachplappert, enthebt uns nicht aus der Eigenverantwortung! Für ein anschauliches Beispiel halte ich die alljährliche Grippewelle. Lange bevor das erste Virus im Land eintrifft, heizen die Medien dieses Thema auf, indem über Rundfunk, Fernsehen und Zeitungen Angst verbreitet wird. Personen, die sich ihrer Geistesmacht nicht bewusst sind, lassen sich davon irritieren, im schlimmsten Fall einschüchtern und verängstigen – und das schwächt! Es ist nicht das Virus an sich am Ausbruch der Grippe schuld, sondern **der geschwächte Geist und demzufolge der geschwächte Organismus lässt das Virus herein**. Viele Beispiele mutiger Persönlichkeiten veranschaulichen das. Ärzte, die in Seuchenregionen ihre Pflicht tun und gesund bleiben. Ärzte in Leprastationen, Reporter auf Kriegsschauplätzen ... sie alle wissen sowohl um ihre Stärke wie auch um ihre persönliche Entscheidungsfreiheit, gegen den Strom schwimmen zu können – oder noch treffender ausgedrückt ⇨ gegen den Strom der Negativität schwimmen zu **wollen**.

Bereit zu einem kurzen Test? Bitte antworte nur mit Ja oder Nein.

1. 25 Personen haben beschlossen, in den Tod zu springen. Springst du mit?
2. 2.500 Personen finden es richtig, in den Tod zu springen.
   Springst du mit?
3. 2,500.000 Personen werden ihr Leben mit einem Sprung in den Tod beenden.
   Bist du dabei?
4. 99,8 Prozent der gesamten Menschheit beenden ihr Leben mit einem Sprung in den Tod. Es bleiben nur noch 0,2 % der Gesamterdbevölkerung übrig.
   Schließt du dich der Masse an?

Dieser kleine Test kann dir viel über deine derzeitige Einstellung zu Qualität und Quantität verraten. Die Qualität, der Inhalt, ist bei allen vier Punkten dieselbe: Es geht schlichtweg nur um Beendigung des eigenen Lebens. Die Glaubwürdigkeit, ob das richtig oder falsch ist, scheint sich nun mit der Quantität, mit der Menge von sich anschließenden Leuten, zu steigern ... wenn 25 Menschen in den Tod springen wollen, na bitte, was hat das mit mir zu tun? Wenn sich aber fast die gesamte Erdbevölkerung umbringen möchte? Und das für richtig hält? Dann sieht die Sache vermutlich schon anders für dich aus – obwohl der Inhalt immer noch derselbe ist. ⇨ Es geht nur um DEIN Leben, für das DU allein zu entscheiden hast, auch wenn Millionen anders darüber denken!

Gegen den Strom zu schwimmen ist nicht immer leicht, aber es lohnt sich für dich ganz bestimmt, wenn du deinen Gefühlen, deinen Überzeugungen und deinem Glauben treu bleibst. Mag sein, dass du während deiner Stromaufwärtsreise manch »guten« Freund verlierst. Schließlich kraulst du ja in die entgegengesetzte Richtung, während sich der Freund wie tausend andere stromabwärts treiben lässt. Mag sein, dass dir manchmal die Luft ausgeht, wenn du dem Sog trotzt. Es kann auch sein, dass du kurzfristig untertauchst oder dass dich die Kraft des Stroms zum Ausgangspunkt zurückschwemmt, sodass du von neuem starten musst. All das kann passieren. Es ist menschlich und verständlich. Auf jeden Fall so lange, wie deine Bereitschaft anhält, es von neuem zu versuchen. Ich hoffe, dass hier unmissverständlich anklingt, wann es für dich an der Zeit wäre, gegen den Strom zu schwimmen: Wenn du in Versuchung gerätst, der Masse ... den Medien ... der Gesellschaft ... der Kirche ... der Allgemeinheit ... mehr zu gehorchen als **dir selbst**.

Aber Vorsicht! Nur gegen den Strom zu schwimmen, um des Kämpfens willen, wäre der falsche Weg. Kraft aufzubauen, ohne ein Herzensziel im Auge zu haben, wäre eine glatte Verschleuderung ins Leere. Wenn du also der Meinung bist, dass es dir gut tut, in der Masse mitzuschwimmen, dann ist das natürlich auch OK! Bitte achte nur immer darauf, dass du dabei froh bist und zufrieden, indem du deinen »Bauch« auch ein Wörtchen mitreden lässt.

Welch großen Einfluss allgemeine Gültigkeiten auf unsere Stimmung haben, spiegelt sich meiner Ansicht nach überdeutlich im so genannten »Schönheitsideal«. Waren zu Lebzeiten von Peter Paul Rubens üppige Brüste und runde Hüften bei Frauen überaus geschätzt, können Frauen heutzutage nur wirklich bis Größe 40 »mitreden«. Je schlanker und faltenloser, desto mehr »in«. So schaut‘s aus. Hast du dich schon einmal gefragt, wer darüber bestimmt, wie DU auszusehen hast? Wer den jeweils aktuellen Trend macht?

Hast du ein einziges Mal überprüft, ob du wirklich **gerne** auf Schokolade und Knödel verzichtest? Bist du unglücklich, weil du dir keine Designer-Klamotten leisten kannst? Glaubst du, dass deine Attraktivität durch einen Edelstein im Nabel steigt? Im Klartext: Kann es sein, dass du dich dem Massendenken anschließt, ohne einen einzigen Gedanken darüber zu verschwenden?

Du kannst dem Sog allgemeiner Gültigkeiten trotzen, wenn du willst. Du kannst entschieden »... und Punkt!« denken. Schluss damit. Aus. Ende. Ich empfehle dir die Zauberformel besonders dann, wenn dein Selbstwertgefühl vom Massendenken und damit von der so genannten Gesellschaft abhängig ist. Wie du das herausfinden kannst? Ganz einfach. Bleiben wir beim obigen Beispiel: Du liebst deine alten Jeans über alles. Und obwohl sich im Laufe der Jahre einige Nähte aufgelöst haben und auch die Knie durchgewetzt sind, fühlst du dich sauwohl damit. Seit neuestem sind aber sehr teure, gestreifte Stoffhosen »in« ... Kämen dir demzufolge ähnliche Gedanken: »Mit meinen Jeans schaut mich ohnehin keine Frau mehr an ... oder: Ich gehöre jetzt nicht mehr dazu ... oder: Ich habe weniger Chancen auf einen tollen Job als Willi (der sich gleich drei Streifenhosen gekauft hat) ...«, so wäre deine Abhängigkeit von allgemeinen Gültigkeiten gegeben. Noch bevor du eingehend über diese so genannten Gesellschaftsregeln nachdenkst, um dir ein neues Bild – DEINES! – zu machen, sage dir ⇨ »... und Punkt!« Wie schon öfter erwähnt, ergibt sich daraus der notwendige Stopp, den du auch Nullpunkt oder Ruhepause nennen kannst. »... und Punkt!« ... damit erklärst du symbolisch der über dich bestimmenden Masse: »Ich möchte jetzt überprüfen, ob es auch für MICH stimmt, was derzeit »in« oder »vorgeschrieben« ist. Ich brauche Ruhe zum Nachdenken und daher benötige ich eine Pause.«

Gegen den Strom. Um dieses Kunststück zu vollbringen, könntest du zuerst einen PUNKT unter deine gesellschafts-UN-kritische Einstellung setzen! Infolgedessen wird sich DEINE ganz individuelle, auf dich maßgeschneiderte Meinung festigen. Und dazu gratuliere ich dir schon heute!

Leid ade

Insbesondere aus dem Erfahrungsschatz meiner Mutter weiß ich, wie schwierig es sein kann, dem Leid Adieu zu sagen. Ich glaube, dieses Phänomen beruht auf der »gottesfürchtigen« Einstellung vieler Menschen, wobei – wie mir vorkommt – die Betonung eher auf dem zweiten Wortteil liegt ⇨ gottesfürchtig. Ein Großteil der Menschheit scheint davon überzeugt zu sein, dass uns das Leid vom lieben Gott geschickt wird. Nehmen wir mal hypothetisch an, es stimmt. Würden wir uns dann in diesem Fall »eigenmächtig« gegen das Leid entscheiden, müssten wir wohl Gottes Strafe fürchten ... oder? Der Trugschluss vieler ist meiner Meinung nach eine böse Unterstellung: Wir projizieren unsere Bestrafungsängste auf Gott, anstatt uns selbst am Kragen zu packen! Der liebe Gott hat mit unserem Leid nichts zu tun – wohl aber lässt er uns die Freiheit, anstelle von Frohsinn, Zufriedenheit, Erfolg und Glück lieber das Leid zu wählen.

Wie zäh es sein kann, Menschen von ihrer Entscheidungsfreiheit zu überzeugen und von ihrer Macht, freudvolle Tatsachen hervorrufen zu dürfen, beweisen viele traurige Geschichten von Seminarteilnehmern meiner Mutter, die sich im wahrsten Sinn davor fürchteten ... glücklich und erfolgreich zu sein. »Ich kann nur glücklich sein, wenn meine Familie und meine Freunde es auch sind«, »Ich nehme den anderen etwas weg, wenn ich erfolgreich bin«, »Leid gehört auf jeden Fall zum Leben«, »Ich spüre mich nur, wenn ich unglücklich bin« ... sind nur einige von vielen unter Tränen geäußerten Statements. Der Kern solcher und ähnlicher Aussagen lässt sich in ein, zwei Sätzen formulieren: »Ich bin arm. Ich fühle mich als Opfer des Schicksals.« Solltest du dich darin wiedererkennen, mache dir bitte bewusst, dass du IMMER die Wahl hast zwischen Leid und Glück, zwischen Misserfolg und Erfolg, zwischen Krankheit und Gesundheit. Diese Wahl beginnt in deinem Geist, der wahrhaftig **machtvoll** ist ... weil du damit Tatsachen hervorrufen kannst!

Christa Kössner:

Ich sehe es wirklich als größtes Geschenk, kraft meiner Geisteshaltung und meiner Gedanken WÄHLEN zu dürfen, und zwar jederzeit. Im Laufe der letzten Jahre wurde mir immer mehr bewusst, dass ich mich – so wie hunderttausend andere Menschen – als Opfer einer unüberschaubaren Maschinerie fühlte. »Leid gehört zum Leben ...« stand auf meinem T-Shirt und damit zog ich dementsprechend etliche Leidensgeschichten heran (»Mein göttliches Kind«, Autobiographie von Christa Kössner, Ennsthaler 2004). Irgendwann, als ich wieder einmal von seelischem Leid und Tränen geschüttelt wurde, sprach Gott zu mir: »Sag Christa, hast nicht schon genug gelitten?« Ob du's glaubst oder nicht, Gottes Lächeln umhüllte mich derart liebevoll, dass die nachfolgende Erkenntnis wie ein Blitz einschlug ⇨ Ich DARF nicht nur das Glück wählen ... sondern ich SOLL mich ENDLICH dafür entscheiden und dem Leid Ade sagen! Unglück zieht weiteres Unglück nach sich. Leid verstärkt das vorhandene Leid. Schluss damit. Aus. Ende.

»... und Punkt!« Damit unterbrach ich vor nunmehr dreizehn Jahren meinen »Leidensweg« mit Männern, revidierte meine lieblose Einstellung bis auf ein, zwei Punkte und erlebte infolgedessen unter anderem einen wunderschönen Kuraufenthalt in Begleitung eines äußerst netten, männlichen »Kurschattens«, wie auch andere, bereichernde Begegnungen. Ich leide nicht mehr, weil ich mich dafür entschieden habe. »... und Punkt!« Das Wort wieder an meinen Sohn:

Leid ade. So lautet die Titelzeile dieses Kapitels. Ich erzähle dir auch gerne eine Geschichte aus meinem Leben, wo es mir gelang, einen PUNKT zu setzen und damit eine neue Richtung einzuschlagen.

Bis vor kurzem hatte ich ein Problem mit dem Alkohol. Er schmeckte mir immer dann am besten, wenn ich am nächsten Tag früh raus musste. Nach einer fast durchzechten Nacht fiel mir logischerweise das Aufstehen am nächsten Morgen äußerst schwer. Ich kämpfte mit Übelkeit, Kopfschmerzen und Müdigkeit. Außerdem war ich mies gelaunt und konnte wenig aufnehmen – sowohl geistig wie auch im Magen. Meine Reaktionsfähigkeit war ebenfalls ziemlich eingeschränkt, sodass ich leicht in Gefahr eines Führerscheinentzugs hätte geraten können. Zu der Zeit war ich als selbstständiger Warenpräsentator im Außendienst tätig. Oft hatte ich täglich Hunderte von Kilometern zurückzulegen – obwohl mein Kopf brummte und mich ein flaues Gefühl in der Magengegend quälte ... Jedes Mal in diesem Zustand nahm ich mir vor: »Das passiert mir nicht mehr.« Manchmal hat's funktioniert, aber es hielt nicht wirklich an. Exakt, als ich wieder einen sehr frühen Termin bei einem Kunden hatte, feierte am Vorabend mein Freund Erich seinen 30. Geburtstag und wir prosteten uns im Freundeskreis bis in die frühen Morgenstunden zu. Was danach folgte, kannst du ein paar Zeilen oberhalb lesen ... Einige Wochen später kam mir Gott sei Dank das Spiegelgesetz zu Hilfe. Ich war mit meinen Freunden in der Stadt unterwegs. Wir besuchten unser Stammlokal und tranken, wie schon öfter, zu viel Bier. Wer mir an diesem Abend sofort auffiel, war Manfred. Er bestellte für sich nur Eistee und Mineralwasser! Meine Frage, ob er vielleicht aufgehört habe mit dem Trinken, beantwortete er mit einem Satz (Wortspiegel!), der wie ein Blitz in mich hineinfuhr: »Ich muss morgen früh aufstehen.« Schlagartig wurde mir im selben Moment bewusst, wie eingeschränkt mein Denken bisher gewesen war und wie geringschätzend ich mit mir selbst umging. Denn mit einem Brummschädel, einem Loch in der Magengrube und mit zufallenden Augen ein Auto zu lenken, kann man wirklich nicht als »liebevoll« bezeichnen ... In den nachfolgenden Wochen gelang es mir immer besser, meinem selbst zugefügten Leid Ade zu sagen. Heute weiß ich ... ich muss nicht über den Durst trinken, wenn andere das tun. Weil ich mich jederzeit frei dafür oder dagegen entscheiden kann! Nachdem ich mich an jenem Abend dank Manfreds Wortspiegel für meine Fitness und damit gegen körperliches Unbehagen am frühen Morgen entschieden habe, genügt es heute – sollte die Versuchung locken – »... und Punkt!« zu denken! Schluss. Aus. Ende. Schluss mit dem durch Alkohol hervorgerufenen Stress, mit der damit verbundenen Übelkeit und mit dem Risiko eines Führerscheinentzugs. Sollen meine Freunde ihren Spaß haben! »... und Punkt!«

Liebe/r Leser/in, auch du darfst dem Leid Ade sagen. Aus Gottes liebevoller Sicht SOLLST du sogar einen PUNKT unter deinen Leidensweg setzen, weil der Sinn und Zweck deines Lebens hier auf Erden nicht durch Leiden erarbeitet werden muss, sondern sofort und leicht erkennbar für dich wird, wenn du eine **selbstwürdigende Entscheidung** triffst. ⇨ Ich bin auf der Welt, um glücklich zu sein! Ich bin hier, um Erfolg zu haben und Frohsinn zu verbreiten. Mit einem Wort, **ich lebe um der Liebe willen, die mich erschuf**. Liebe, Achtung und Fürsorge beginnen bei mir selbst. Daher sehe ich es als Zeichen der Liebe zu mir selbst an, wenn ich mein Leid stoppe. »... und Punkt!« Schluss damit. Aus. Ende. Aus der Erkenntnis heraus, dass Wachstum und Zusammenhalt der Welt auf Liebe beruhen und nicht auf Leid, fällt es mir immer leichter, das Gute, das Angenehme, den Erfolg und das Glück für mich selbst zu wählen. An anderer Stelle erwähnte ich bereits die große Macht kollektiver Gedanken. Bitte sei vorsichtig damit. Selbst wenn zehn Millionen Menschen meinen, dass sie nur dann glücklich werden können, wenn sie genug und sehr arg gelitten haben ... muss das noch lange nicht für DICH stimmen. Du brauchst dich solchen destruktiven Glaubenssätzen nicht anzuschließen. Du darfst immer und überall für dich selbst wählen, weil Gott dir diese Freiheit immer und überall zumutet!

Kompliziertes Ade

Christa Kössner:

Ich erlaube mir, dieses Kapitel einzuleiten. Weil ich auf sehr, sehr viele Erfahrungen zurückblicke, die mit dem »Komplizierten« zu tun haben. Erfahrungen, die ich selbst machen musste ... um irgendwann zu erkennen ⇨ »Das führt zu nichts. Es schafft mir weder Erleichterung, noch verwandelt es mich oder meine Lebensumstände.« Erfahrungen im Freundeskreis ⇨ Harmlose Kaffeeplauderstunden entpuppten sich nicht nur einmal als Gehirnakrobatik, die uns alle ermüdete. Erfahrungen mit einigen Seminarteilnehmern, welche ich so gerne vom einfachen Spiegelgesetz überzeugt hätte. Oder mit anderen Personen, die als Feedback nach einem Workshop sagten: »Ist das Leben, im Spiegel betrachtet, wirklich so einfach? Ich kann das nicht glauben!« Wir haben in diesem Buch schon mehrmals auf die Macht kollektiver Gedanken hingewiesen. EIN solcher kollektiver Glaubenssatz muss wohl dem Komplizierten, dem Umständlichen, dem Schwierigen oder Ähnlichem mehr Wert beimessen als dem Einfachen. Wie kann es sonst sein, dass der direkte, offene Blick auf ein menschliches Spiegelbild nur in seltenen Fällen auf Anhieb gelingt?

Ein Beispiel:

Anita hat über eine Partnerbörse im Internet einen Mann kennen gelernt. Sie hat demnach ein menschliches Spiegelbild vor Augen, das sowohl ihrer derzeitigen Geisteshaltung wie auch ihrem momentanen Selbstwertgefühl entspricht. Markus zeigt sich verliebt und spart nicht mit Komplimenten. Trotzdem ist er stunden- oder gar tagelang am Handy nicht erreichbar. Er hebt einfach nicht ab. Anita zieht es jedes Mal den Boden unter den Füßen weg. Und anstatt direkt und offen in diesen männlichen Spiegel zu schauen ... um die Botschaft zu begreifen und anzunehmen ... beginnt sie anhand allerlei Vermutungen, Markus' Verhalten zu interpretieren und zu beschönigen. Viele Stunden, auch Nächte gehen dabei drauf, Tränen fließen, Unruhe breitet sich aus. Das geht so weit, dass Anita ihre Wohnung nicht mehr verlassen möchte. Trotzdem schweigt sich Markus aus und ändert keineswegs sein Verhalten. Sämtliche Mailbox-Nachrichten oder SMS von Anita bleiben ein, zwei, drei Tage lang unbeantwortet. Anita beschreibt Markus' kränkendes Verhalten mit den Worten unverlässlich und »lässt mich nicht ran«.

Genau jetzt wäre der ideale Zeitpunkt, um die Spiegelgesetz-Methode® anzuwenden. In Markus' Benehmen verbirgt sich wahrhaftig ein Geschenk für Anita, eine Liebesbotschaft, die sie durch Verwandeln der störenden Eigenschaften in ihre positive Essenz ganz leicht herausfinden könnte!

Schließen wir das Beispiel ab. Anita stemmt sich dagegen. Sie möchte nicht wahrhaben, wie EINFACH sich ihr Leidensweg mit Markus ent-knoten ließe und wie rasch sich dadurch neue Perspektiven eröffnen würden! Anita will es sich kompliziert machen. Das Wort nun wieder an Thomas.

Erst bei unserer zweiten oder dritten Manuskript-Sitzung für dieses Buch merkte ich, was mich daran am meisten fasziniert: das Einfache, die Kürze, das Klare und das Direkte. Als bodenständiger Typ mit gesundem Hausverstand war ich zuerst etwas skeptisch, als meine Mutter am Telefon von einer Zauberformel sprach, die der Menschheit nicht vorenthalten werden sollte. Meine Meinung änderte sich rasch, weil ich begann, dieses geniale »... und Punkt!« zu testen. Einige persönliche Erfahrungen damit habe ich in diesem Buch verewigt, um dir Alternativen zu eröffnen, die du bis jetzt kaum oder gar nicht sehen konntest. Du DARFST es dir einfach machen. Du DARFST wirklich einen Punkt unter alles Mögliche setzen, womit du dir bisher selbst geschadet hast.

Du darfst tatsächlich damit aufhören, ...

- quälende Ereignisse zu analysieren oder diese stunden-, tage- oder monatelang zu interpretieren.
- unwichtigen Belanglosigkeiten Aufmerksamkeit zu schenken.
- harte Urteile zu fällen, die letztlich auf dich selbst zurückfallen.
- dich in einem kräfteraubenden Gedankenstrudel zu verlieren.
- um etwas Bestimmtes zu kämpfen, das sich nicht von selbst ergibt.
- unter einer Situation zu leiden, die in Wahrheit eine göttliche Botschaft ist.
- andere zu missionieren oder jemanden retten zu müssen.
- starre Prinzipien zu verfolgen.
- ständig an deine Vergangenheit zu denken.
- deine Kräfte als Widerstand gegen ...? zu vergeuden, anstatt sie für dein Wohlbehagen und deinen Erfolg einzusetzen.

Du darfst es dir deshalb einfacher machen, weil **kein allgemein gültiges Gesetz existiert, das dir das Einfache verbietet!** Es sei denn, du hast dich traurigerweise kollektivem Gedankengut angeschlossen und dieses zu DEINEM Gesetz gemacht?! Aussagen wie:

- *»Niemandem fällt von selbst etwas in den Schoß!«*
- *»Man muss sich schließlich alles erarbeiten im Leben.«*
- *»Das Spiegelgesetz ist mir* **zu** *einfach.«*
- *»Wie bitte? Man kann doch nicht einfach einen Punkt machen!!«*
- *»Seit Wochen lese ich einen Wälzer mit über 500 Seiten. Ziemlich kompliziert. Aber da muss man durch, wenn man dazulernen will.«*
- *»Vierzehn Seminare hab ich schon besucht, war echt zeitaufwendig. Aber ich mache weiter.« »Also wie Silvia mit dem Leben umgeht! Die macht e's sich ganz schön einfach.«*

Kommt dir das bekannt vor? Wenn ja, hast du jetzt die Möglichkeit, deine momentane Einstellung anzuerkennen, die da lautet ⇨ **»Ich will es mir NICHT einfach machen. So ist es. ›... und Punkt!‹«** Deine Anerkennung ist enorm wichtig, denn erst durch DEIN Akzeptieren wird dir so richtig bewusst, wie sehr du am Komplizierten, am Ausschweifenden, am Umständlichen hängst und wie viel Zeit dadurch verloren geht. Dagegen ist überhaupt nichts einzuwenden, solange du dich damit wohl fühlst. Zeigen sich jedoch Unlustgefühle, Erschöpfung oder gar Krankheitssymptome, könntest du erwägen, es dir EINFACHER zu machen! Dieses Büchlein hat dir dazu schon viele Anhaltspunkte geliefert, die du ausprobieren kannst. Teste die Zauberformel. Denke bei Bedarf entschlossen ⇨ »... und Punkt!« Schluss mit Umwegen. Schluss mit Ausreden. Schluss mit meinem Leidensweg. Meine Mutter und auch ich halten es für einen der größten Schritte in Richtung Selbstachtung, wenn wir unter Selbstquälerei und nutzlosen Stress einen PUNKT setzen. Selbstwürdigung ist bei Entscheidungen unser oberstes Motiv.

Wie schon gesagt, bin ich ein bodenständiger Typ, doch trotzdem immer offen für Neues. Die ganze Zeit über, während dieses Buch entstand, probierte ich in verschiedenen Situationen die Zauberformel aus. Und es funktionierte! Ganz klar, dass ich in meinem Freundeskreis davon erzählte, und es gelang mir tatsächlich, einige Burschen neugierig zu machen. Sie staunten nicht nur über das Spiegelgesetz, sondern noch mehr über dieses verblüffend einfache »... und Punkt!« Zu dieser Zeit trennte sich gerade ein Pärchen aus meinem Bekanntenkreis. Petra beendete plötzlich und unerwartet die Partnerschaft mit Herbert. Er fiel aus allen Wolken ... und seitdem gibt es für ihn nur ein Thema: »Wie kann ich die Trennung rückgängig machen?« Sämtliche Gespräche in der Freundesrunde kreisen darum. Meinungen der anderen, die einen Hoffnungsschimmer aufleuchten lassen, merkt sich Herbert bis ins kleinste Detail, wiederholt sie ständig, interpretiert sie neu und analysiert die gegebene Situation zum zehnten, zwanzigsten oder fünfzigsten Mal. Herbert geht im Kreis ... er quält sich nun schon über zwei Monate, doch von Petra keine Spur.

Was ich mit diesem Beispiel untermauern möchte, ist das, was in diesem Buch schon so oft gesagt wurde. ⇨ Nicht die Frage nach dem WARUM bringt dir Erleichterung, sondern DEIN AKZEPTIEREN der gegebenen Situation. So ist es eben jetzt. »... und Punkt!« Dieser Stopp bewirkt einen Stillstand deiner rotierenden Gedanken und leitet eine Erholungspause für deine aufgewühlte Seele ein. Danach kannst du wieder klarer denken und – wenn du Lust hast, auch dein Spiegelbild näher betrachten. Ich gebe zu, dass es mich manchmal einige Überwindung kostete, einen PUNKT zu setzen – besonders, was alte Gewohnheiten betraf, wie zum Beispiel: ungebügelte Hemden anziehen, übervolle Aschenbecher über Nacht stehen lassen,

Katzenklo nur nach Lust säubern und Ähnliches. Wirklich entschlossen »... und Punkt!« zu denken, ist also nicht immer leicht, aber es ist bestimmt das Einfachste, das du im Augenblick für dich tun kannst!

Abschnitt 3

Zauberformel

Dieses »... und Punkt!« scheint wirklich eine Zauberformel zu sein. Mir fällt kein besseres Wort dafür ein, das dessen Wirksamkeit so deutlich zum Ausdruck bringt! Zauberformeln sind meistens kurz und einfach. Vielleicht erinnerst du dich noch an die drei Zauberworte »Sesam öffne dich« ... oder an »Simsalabim« ... oder an das wohl berühmteste Zauberwort »Hokuspokus«? Man braucht kein Lexikon, um einen Berg zu öffnen! Und man braucht kein jahrelanges Martyrium, um sich selbst in einen zufriedenen Menschen zu verwandeln. Um das eigene Selbstbild zurechtzurücken, bedarf es meiner Ansicht nach nur dreierlei:

1. Den Entschluss, selbstquälerische Verhaltensweisen zu stoppen. Das sind jene Aktionen oder Reaktionen, mit denen du dir selbst schadest, weil sie dich nicht froh stimmen und damit deinen Erfolg in der Liebe und im Beruf verhindern. Du kannst dein Verhalten ändern. Du kannst bei Bedarf entschieden »... und Punkt!« denken und den Genuss dieser kleinen Zauberei erleben.

2. Schau dann in den Spiegel. Was genau, welche Eigenschaft, zeigt dir dein Nachbar, deine Schwester, dein Chef oder deine Freundin? Regst du dich darüber auf, ärgert es dich oder bringt es dich in Rage? Wenn ja, kannst du ganz sicher sein, dass da ein Geschenk auf dich wartet – in Form einer Eigenschaft, eines Talents oder einer Stärke von DIR! Ich verweise an dieser Stelle nochmals auf das Buch »Die Spiegelgesetz-Methode®«, wo alle vier Schritte genau beschrieben werden und somit leicht nachvollziehbar sind.

3. Deine Vergebung. Vergessen, loslassen, aufgeben, wegfliegen lassen ... mit der Vergangenheit in Frieden sein (Kapitel »Zauberformel Vergebung«).

Meine Mutter und ich haben überlegt, ob es für unsere Zauberformel von Bedeutung wäre, das »und« wegzulassen: PUNKT. Einfach nur PUNKT zu denken. Wir fanden es schlussendlich runder und klangvoller, das »und« davor zu belassen: »... und Punkt!«

Zauberformel Vergebung

Das Wort »Vergebung« klang zuerst ein wenig salbungsvoll in meinen Ohren und deshalb gefiel es mir gar nicht. Mit »verzeihen« konnte ich schon mehr anfangen, denn es fiel mir nie wirklich schwer, »Sei mir bitte nicht böse« zu sagen. Aber genau das ist mit wahrer Vergebung gar nicht gemeint. Das weiß ich heute – infolge einiger Gespräche mit meiner Mutter, die tatsächlich einen Unterschied zwischen vergeben und verzeihen macht. Ich habe mich mit diesem Thema immer wieder auseinander gesetzt, um die ausschlaggebende Nuance zwischen diesen beiden Begriffen zu verstehen. Dieser feine Unterschied scheint überaus wichtig zu sein. Denn ich glaube heute zu begreifen, was VERGEBEN tatsächlich heißt.

Solange ich XY etwas Bestimmtes zu »verzeihen« habe ... zum Beispiel ...

- einen Fehler
- eine persönliche Meinung
- Unpünktlichkeit
- Schlamperei
- Untreue
- Reichtum
- mangelnde Bildung

oder ähnliche »Fehltritte« ...,

muss ich XY zuvor wegen seinem Fehler, seiner Meinung, seiner Unpünktlichkeit ... usw. VERURTEILT haben! Jedes meiner (harten, lieblosen) Urteile ist jedoch, im Spiegel betrachtet, nichts anderes als eine lieblose Meinung über mich selbst. Ein Urteil, das ich über andere fälle, stürzt auf mich zurück! Deshalb ist »Verzeihung« keine wirkliche

Vergebung – weil **mein liebloses Urteil damit NICHT aufgehoben** wird. Es bleibt bei mir, in meinem Bewusstsein.

Ein Beispiel:

Christian ist wohlhabend. Er ist so reich, dass er sich jedes Jahr einen funkelnden Neuwagen anschaffen kann. Er lebt mit seiner Familie am Stadtrand in einer Villa und fünfmal im Jahr sind alle auf Urlaub. Markus, der Nachbar von Christian, ist sauer. Insgeheim schimpft er über »die Neureichen daneben« und regt sich fürchterlich darüber auf. Als Christian letzten Freitag mit einem neuen, dunkelgrünen Mercedes zu seiner Garage fuhr, stand Markus zufällig am Gartenzaun. »Na? Wie gefällt Ihnen mein neues Auto?«, rief Christian und lachte. Daraufhin Markus: »Schön, wunderbar! Könnte fast neidisch werden, aber ich verzeihe ihnen, dass sie so viel Geld haben.« Lächelte und ging ins Haus. Wenige Minuten später knüpfte Markus ein Gespräch mit seiner Frau an: »Geld allein macht nicht glücklich, nicht wahr? Wahrscheinlich verdirbt es sowieso den Charakter!«

Ich hoffe, mit diesem konstruierten Beispiel dargestellt zu haben, was wir im Allgemeinen unter »verzeihen« verstehen. Wir GLAUBEN, unseren eigenen Groll und damit unser Urteil gegen etwas Bestimmtes besiegt zu haben, wenn wir verzeihen. Dem ist nicht so! **Weil unsere Urteile erst dann aufgehoben sind, wenn wir sie erkannt, akzeptiert, ausgesprochen und AUFGEGEBEN (= vergeben) haben.** Dieser Prozess hat mit anderen Personen überhaupt nichts zu tun. **Er ist ganz allein unsere eigene Angelegenheit!**

Auf das obige Beispiel übertragen, wäre Markus' wahre Vergebung dann in die Wege geleitet, wenn er SEIN EIGENES hartes Urteil über reiche Menschen (!) akzeptieren, aussprechen und vergeben (= bewusst aufgeben) würde. Mit der Spiegelgesetz-Methode® ist dies rasch und leicht möglich. Markus braucht sich nur zu fragen: »Was finde ICH schlecht oder böse an Menschen mit viel Geld oder überhaupt am Reichtum?«

Vergeben hat absolut nichts damit zu tun, liebloses Verhalten anderer Menschen ...

- »großzügig« zu übersehen,
- fadenscheinig zu tolerieren,
- zu beschönigen,
- zu »verzeihen«,
- zu schlucken,
- hinzunehmen und zu leiden,
- zu analysieren,
- zu interpretieren oder
- zu entschuldigen.

Vergebung ist das schrittweise Aufgeben
der eigenen **Negativität**
im **Sinne eines liebevolleren Selbstbildes.**
Wahres Vergeben bedeutet, die eigene,
lieblose Meinung zu korrigieren
und infolgedessen ein neues Bild zu schaffen,
das Würde und Selbstachtung
zur obersten Priorität erhebt.
Christa Kössner

Die Zauberformel Vergebung – wie die Titelzeile dieses Kapitels lautet – hat demnach wenig mit Zauberei zu tun, weil Vergeben eine Tat ist, die du ganz ohne Hokuspokus vollbringen kannst. »Wann immer dir etwas negativ vorkommt, erkenne Gottes Hand darin«, steht in »Ein Kurs in

Wundern«. Was bedeutet, dass es nichts Negatives gibt ... **außer in deinem Bewusstsein**. Es sind immer nur DEINE Urteile, DEINE Meinungen, DEINE selbst auferlegten Verbote ... es ist DEINE Sichtweise ... die etwas Bestimmtes ... eine Situation oder das Verhalten anderer Personen ... in etwas scheinbar Negatives verwandelt. Das schlägt wie eine Keule ein, nicht wahr?

Vielleicht kann dir folgendes Bild weiterhelfen:

Du schaust auf XY wie durch einen Filter oder eine Art Vorhang. Deswegen kannst du das Gute, das Schöne, das Geniale und das Wunderbare an XY nur verschwommen oder gar nicht erkennen. Es dominiert der graue Schleier im Vordergrund, der symbolisch deine eigene, negative Meinung verkörpert. Je liebloser deine Urteile sind, desto dicker ist der Vorhang und desto weniger kannst du den Engel dahinter als ENGEL erkennen. Im ärgsten Fall wird dir eine Fratze gespiegelt oder ein Bösewicht. Diese Rollen hast aber DU dem »Engel« zugeschrieben, weil DU schlecht über ihn, über sein Verhalten oder über seine Eigenschaften denkst! Was tun? Einen klaren Blick auf den Engel kannst du nicht erzielen, wenn du dem Engel seine Anwesenheit »verzeihst« ... sondern, **indem du DEIN Urteil** über ihn, über sein Verhalten oder über seine Eigenschaften aussprichst, akzeptierst und **aufgibst**. VERGEBEN ist demnach AUFGEBEN und VERGESSEN der eigenen negativen Meinung.

Ich weiß, manchmal fällt es uns sehr schwer, die eigene negative Meinung aufzugeben. Besonders dann, wenn wir uns schon sehr lange darin verbissen haben. Wir sind so festgefahren in unseren Urteilen, dass wir befürchten, einen Teil von uns selbst zu verlieren! Ähnlich einer Sucht glauben wir, ohne unsere betonierten Meinungen, Überzeugungen, Prinzipien und Urteile nicht weiter existieren zu können – »ohne« geht's nicht ... Doch das ist ein Trugschluss. Du wirst erleben, wie befreit du dich fühlst, wenn du den ersten kleinen Schritt getan hast, der eines deiner lieblosen Urteile ans Licht bringt und schlussendlich aufhebt. Schon Albert Einstein meinte: »Es ist schwieriger, ein Vorurteil zu zerstören als ein Atom.« Das bedeutet im Klartext, dass ein hartes Stück Arbeit auf dich wartet. Oh je, ich höre schon Mutters Stimme. Sie würde meinen letzten Satz gerne anders formulieren, und zwar so: »Es wartet eine geniale Aufgabe auf dich!«

Christa Kössner:

In meinen Seminaren bei Schritt 3 der Spiegelgesetz-Methode® »danken und aufgeben« angelangt, verbrannten wir die gefundenen negativen Meinungen – auch Glaubenssätze genannt – mit einem gemeinsamen Dankgebet. Die meisten Teilnehmer empfanden dieses kleine Ritual wie die Befreiung von einer großen Last. Doch es gab auch ein paar Personen, die sich mit der Vergebung – mit dem endgültigen Vergessen – schwer taten. Das wohl eindrucksvollste Beispiel, wie zäh sich manche Menschen an ihre negative Meinung klammern, erzähle ich dir nachfolgend:

Zwei Wochen nach einem Workshop erreichte mich folgender Anruf von einer Seminarteilnehmerin: »Christa, kannst du mir helfen? Ich komme nicht weiter und bin schon verzweifelt!« Ich: »Was ist los?« Frau XY: »Ich zermartere mir Tag und Nacht den Kopf, aber es fällt mir nicht ein, welches negative Urteil ich beim Seminar aufgegeben habe!!«

Vielleicht hattest auch du schon ein Problem mit der Vergebung? Weil du nicht wusstest, dass vergeben überhaupt nichts mit verzeihen zu tun hat. Ich wiederhole nochmals, dass Vergebung eine Tat ist, die du DIR zuliebe vollbringen kannst. Dein Bild über dich selbst wird jedes Mal schöner, klarer und vollständiger, wenn du **DEINE EIGENE NEGATIVE Meinung über dies und das und vor allem über dich selbst (!) korrigierst.**

Alles klar? »... und Punkt!«

Rituale des Loslassens

Bis zu dieser Stelle des vorliegenden Buches darf ich ehrlich sagen, dass ich die Zauberformel »... und Punkt!« im Kern verstehe und auch erfolgreich anwende. Mit dem Vergeben und dem Verzeihen kämpfte anfangs mein Verstand. Es wollte einfach nicht in meinen Kopf, dass da ein Unterschied besteht, der von wesentlicher Bedeutung für das Gelingen ist. Zumindest weiß ich jetzt, dass ich erst dann wirklich vergeben habe, wenn ich meinem Gegenüber wertfrei in die Augen schauen kann, vielleicht sogar mit einem Lächeln. Das wohl untrüglichste Zeichen meiner Vergebung ist aber ein Gefühl des inneren Friedens ... wo vorher Ärger, Neid, Frust, Aufregung oder Lustlosigkeit waren. Noch selten, aber doch schon ein paar Mal durfte ich in den letzten Monaten solche friedvollen Augenblicke erleben, zum Beispiel wenn ich an meine verstorbene Katze dachte. Besonders ihre letzten Leidenswochen hatten sich in mein Herz gegraben und saßen tief. Deswegen haderte ich ziemlich mit der Ungerechtigkeit der Welt und mit dem Schicksal, weil meine Katze so leiden hatte müssen! Ich bekam die grausigen Bilder einfach nicht aus meinem Sinn ... Mit dem Rat meiner Mutter: »Du KANNST diese schlimmen Erinnerungen auch aufgeben. Du kannst sie loslassen, wenn du wirklich willst!«, wollte ich mich auch nicht zufrieden geben. Ich musste etwas tun! Etwas, das die Last in meinem Herzen erleichterte und den Spuk in meinem Kopf beendete. So kam ich auf die Idee, Kitts Futterschüssel im Schatten einer Tanne in Mutters Garten einzugraben. Nenne es Zauberei oder sonst wie – seit dieser Tat kann ich wieder mit einem Schmunzeln an meine zutrauliche, gefräßige, anschmiegsame Kitti denken. Die qualvollen Stunden mit ihr sind aus meinem Geist verschwunden. Sie sind VERGEBEN und ich habe Frieden ... Danke.

Aus dem Erfahrungsschatz meiner Mutter kenne ich mittlerweile einige solcher Rituale, die dir das Loslassen nicht nur erleichtern können, sondern eine Feierlichkeit daraus machen. Aber nicht nur das. Ein Ritual ist eine von dir beschlossene Handlung, die deine Bereitwilligkeit zu vergeben aufs Beste unterstützt. Es ist die entsprechende Tat zum Gedanken! Wie mein persönliches Ritual mit Kittis Futterschüssel beweist, sind unserer Phantasie keine Grenzen gesetzt. Erlaubt ist alles, was hilft zu vergessen! Nachfolgend ein paar Anregungen für dich, dein individuelles Loslassen-Ritual zu erfinden:

Brief ans Universum

Wenn du öfter an eine Person aus deiner Vergangenheit denken musst, du dich davon gestört und aus deinem Rhythmus gerissen fühlst ...

Wenn du irgendwann früher versäumt hast, einer bestimmten Person etwas mitzuteilen, das dir heute noch wichtig ist ...,

schreibe dieser Person einen ganz ehrlichen Brief. Beschönige nichts, entschuldige nichts. Lasse deine Worte sprudeln, so wie sie kommen. Bessere nichts aus. Schließe mit den Worten ab: »Danke, dass du meinen Brief gelesen hast.« Du brauchst den Brief nicht abzuschicken. Bewahre ihn so lange auf, bis du spürst, dass deine Worte empfangen worden sind. Manchmal geschieht das in wenigen Tagen, ein andermal braucht es länger. Du kannst ganz sicher sein, den Zeitpunkt fühlen zu können. Danach entsorge den Brief oder lösche ihn vom Computer.

Verbrennen

Alte Briefe, Fotos, Ansichtskarten und ähnliche Erinnerungsstücke, die dich jedes Mal in schmerzliche, traurige oder frustrierende Situationen von früher zurückholen ...

kannst du besonders schön in den Flammen eines Lagerfeuers oder eines Sonnwendfeuers verbrennen. Genauso eignet sich dafür ein warmes Kaminfeuer oder ein eigens dafür entzündetes kleines Feuer in einem Kessel oder in einer Schale. Bedanke dich bei jeder Person für das Gute und Schöne, aber auch für die Lehre, die dir geschenkt wurde, bis auch das letzte Schnipsel zu Asche geworden ist.

Wassergrab

Kleine Gegenstände, Schmuck, Steine, Figuren, Feuerzeuge und ähnliche Erinnerungsstücke, die dich belasten oder bedrücken oder die du nur aus Pflicht, »weil es sich so gehört«, in diversen Laden aufhebst ...

lassen sich leicht in einem Fluss, in einem See oder im Meer versenken. Verbunden mit einem Spaziergang am Wasser, wird dieses Ritual zu einem meditativen Naturerlebnis.

Du könntest auch eine Bootsfahrt unternehmen und deine Vergebung – dein Loslassen – auf offenem Wasser vollbringen. Sprich ein paar Worte des Dankes dazu und übergib die Kette ... den Ring ... das Plastikschweinchen ... oder den Schlüsselanhänger dem Wasser.

In den Schoß der Erde

Was sich verbrennen oder im Wasser versenken lässt ...

kann auch eingegraben werden. Wichtig dabei ist die von dir gewählte Stelle. Es sollte ein Ort sein, den du magst, der dir vertraut ist und wo du dich ganz besonders wohl fühlst. So wie ein richtiges Grab kann diese Stelle zu einer Gedenkstätte für dich werden, die dich daran erinnert, dass du vergeben, vergessen und losgelassen hast. Bedanke dich beim Universum, bei Gott und bei dir selbst, dass du es konntest.

Jahreswechsel-Ritual

Was du verabschieden ... vergessen ... vergeben ... loslassen möchtest ...

notiere auf einem Zettel. Falte diesen zu einer kleinen Rolle und binde diese an eine Silvesterrakete, die du anschließend zündest und in den Himmel fliegen lässt. Ein spektakuläres und beliebtes Ritual im Freundeskreis! Auf Wunsch könnt ihr euch vorher zusammensetzen und voreinander aussprechen, was jeder von euch bereit ist, heute, hier und jetzt in den letzten Minuten des Jahres zu vergeben.

Christa Kössner:

Ich selbst nahm vor vielen Jahren an einem solchen Silvesterritual auf der Insel Lanzarote teil. Bestimmt hatten sich auf der dortigen Anhöhe über 800 Personen eingefunden, die ihre Raketen, teilweise mit Zettelchen daran, zündeten. Inmitten des Tumults höre ich auf einmal Helmut aus unserer Gruppe rufen: »Schaut her, meine Rakete ist neben mir wieder heruntergekommen! Das gibt es doch nicht!« Auch ich konnte es kaum fassen: Helmuts Rakete lag ausgebrannt ein, zwei Meter neben ihm auf dem Boden – aber der Zettel mit seinen Worten der Vergebung, klebte UNVERBRANNT auf dem Holzstiel!! Wir alle haben uns davon überzeugt. Selbstverständlich begriffen wir die Botschaft: Helmuts Bereitwilligkeit, ein bestimmtes Ereignis zu vergeben, zu vergessen und damit ein für alle Mal loszulassen, war ein schales Lippenbekenntnis gewesen ... und das funktioniert eben nicht. Aus diesem verblüffenden, unvergesslichen Ereignis habe ich viel gelernt: Mein Wille zu vergessen muss echt sein! Er muss so echt sein, dass ich heute lieber eine Unsicherheit oder einen Wankelmut vor mir selbst bekenne und das endgültige Loslassen von etwas X-Beliebigem hinausschiebe, als ein paar schöne, leere Worte auf einen Zettel zu schreiben. Lieber vertraue ich meinem weisen Chef im Himmel an: »Ich möchte schon (dieses oder jenes) vergessen, aber ich kann es jetzt noch nicht. Bitte hilf mir dabei.« Meistens dauert es nur kurz, bis ich spüre ... jetzt kann ich es, jetzt lasse ich los mit einem innigen Dankeschön. »... und Punkt!«

Entscheidungsfreiheit

Christa Kössner:

Sind meine Lebensumstände vorbestimmt oder habe ich selbst die Freiheit, ein Leben nach meinen Vorstellungen zu gestalten? Wo treffen sich Gottes Wille und der meine? Gibt es überhaupt Berührungspunkte zwischen dem, was nach göttlicher Ordnung geschehen soll ... und meinen eigenen Visionen? Solche und ähnliche Fragen habe ich mir in den letzten zwei Jahrzehnten oft gestellt, nimmer müde werdend, zufrieden stellende Antworten darauf zu finden. Meine heutige Sichtweise dazu gebe ich nachfolgend gerne an dich weiter:

Seit meiner Gotteserfahrung im Sommer 1991 weiß ich, dass zwischen dem, was wir Gott nennen und mir selbst nur ein kleiner Unterschied besteht. Gott, das ist die universelle Weisheit, die Urkraft, die Essenz allen Geschehens. Ich bin ein Teil davon in einem menschlichen Körper und daher sichtbar. Um Gott in seiner Gesamtheit wahrnehmen zu können, brauchen wir Tiere, Pflanzen und Menschen, aber auch Gegenstände, Situationen und Ereignisse. Die pulsierende, unsichtbare Anwesenheit Gottes wird dadurch lebendig und berührbar! Wenn nun Gott selbst keine eigene Gestalt besitzt, weil er alles (!) ist ... scheint es logisch zu sein, dass auch nirgendwo ein separates, machtvolles Wesen existieren kann, das über meine Lebensumstände verfügt, so in etwa: »Du hier vorne hast dein Leben lang Pech, aber der Herr dort drüben hat das Glück auf Lebenszeit gepachtet.« Findest du es nicht seltsam, wenn ein unsichtbarer Unbekannter derlei ungerechte Statements abgeben würde? Noch dazu, wo wir diesen großen Un-

sichtbaren auch als universelle Weisheit oder pure LIEBE bezeichnen? Aus dem Buch »Ein Kurs in Wundern« stammt die Textstelle: »Gott ist nur Liebe, daher bin ich es auch.« Damit ist alles gesagt, was meiner Ansicht nach für ein geglücktes Leben notwendig ist. Denn liebe-VOLL kann ich immer sein, ob ich in einer Hütte am Strand lebe oder in einem Wolkenkratzer ... ob ich jung bin oder alt ... reich oder arm ... dünn oder dick ... schön oder hässlich ... gesund oder krank.

Ich habe jederzeit die Freiheit der Entscheidung ...
- *liebevoll oder lieblos auf mich selbst zu blicken,*
- *meine Eigenschaften zu würdigen oder herunterzumachen,*
- *meine Talente zu fördern oder brachliegen zu lassen,*
- *Aufgaben zu lösen oder hinauszuschieben,*
- *dankbar zu sein oder unzufrieden,*
- *zu lieben oder zu urteilen,*

***weil es niemanden außerhalb von mir gibt, der mir etwas erlaubt oder verbietet** – schon gar nicht der liebe Gott! Bleibt noch die Frage offen, weshalb sich tagtäglich Millionen von Menschen gegen die Liebe entscheiden? Es scheint uns wesentlich leichter zu fallen, unseren Unmut über Frau und Herrn XY herauszuschreien, als den beiden unsere Hand zu reichen oder wenigstens zu lächeln. Tja, auch ich bin nicht immer davor gefeit. Erst kürzlich schrie ich meine Hündin an, weil sie nicht fressen wollte ... anstatt mich voll Zuneigung auf sie einzustimmen. »Ach, was ist denn schon dabei, den Hund mal anzubrüllen«, höre ich dich murmeln. Nein – ich stimme dir nicht zu. Denn es IST SEHR WOHL etwas dran: Jedes Mal, wenn wir zornig, wütend, aufgebracht, verärgert oder missmutig auf etwas oder jemanden reagieren, haben wir uns von »liebe-VOLL« entfernt* *und damit unsere Entscheidungsfreiheit für eine lieb-LOSE Tat verbraucht. Je öfter wir uns für lieblose Aktionen entscheiden, desto weiter entfernen wir uns von dem, was wir als Ebenbild Gottes sind: reine Liebe. Es kann sein, dass dir deine oft unerwarteten, heftigen Reaktionen in keinster Weise als DEINE ENTSCHEIDUNGEN vorkommen. Oft verwenden wir dafür Ausreden oder Entschuldigungen: »Da lief ein altes Muster ab« oder »Heute ist Föhn, deswegen ...«, möchtest du fortsetzen? Dennoch ist es wahr, dass ALLE deine Aktionen oder Reaktionen Entscheidungen FÜR oder GEGEN die Liebe sind! Habe bitte Geduld mit dir, wenn du nächstes Mal ausrastest. Manchmal dauert es halt ein bisschen länger, bis jahrzehntelange Gewohnheiten erkannt und vergeben sind. »Ein Kurs in Wundern« lehrt, dass wir ununterbrochen immer nur ein und dieselbe Entscheidung zu treffen haben. Die Entscheidung zwischen Liebe und Angst. Wann immer du dich ängstlich fühlst, bist du einer deiner gewohnten Lieblosigkeiten auf der Spur und hast die freie Wahl, dieses Mal anders zu entscheiden.*

»Dein Wille ist frei und nichts kann ihn überwältigen.«
»Ein Kurs in Wundern«

Meine Lebensumstände sind, wie sie sind. Ich selbst habe sie kreiert. Gottes Wille und der meine sind eins und berühren einander daher ständig. Was nach Gottes Willen geschehen soll, deckt sich dann mit meinen Visionen, wenn ich imstande bin, ein echtes, liebe-VOLLES »Ja« zu mir selbst auszusprechen. Ein echtes »Ja« zu mir bedingt ebenso ein aufrichtiges »Ja« zu anderen Menschen und zu allem, was ist. »... und Punkt!« Das Wort nun an meinen Sohn.

Ich erzähle dir jetzt eine Situation aus meinem Leben, die ganz gut hierher passt. Unlängst borgte ich einem Freund etwas Geld. Wir vereinbarten ein Datum, an dem Felix den Betrag an mich zurückzahlen sollte. Leider hörte ich an diesem Tag kein Sterbenswörtchen von ihm. Da ich das Geld für eine Autoreparatur selber dringend benötigte, rief ich Felix an. Keine Reaktion! Ich versuchte es immer wieder. Doch jedes Mal hörte ich nur den Text von der Anrufbox. Wut stieg in mir hoch. Richtig genussvoll malte ich mir aus, was ich Felix alles an den Kopf werfen würde! Oder sollte ich ihm lieber gleich die Freundschaft kündigen?! Du kannst mir glauben, ich ließ mir einige Alternativen durch den Kopf gehen, die ich hier lieber nicht wiedergeben möchte! Drei Tage lang hatte ich Felix nicht erreicht ... Was sollte ich bloß tun, um endlich mein Geld zurückzubekommen? In diesen Minuten meiner Ratlosigkeit geschah etwas Unerwartetes. Mein Zorn löste sich plötzlich von selbst in Luft auf! Aber nicht nur das. Ich sorgte mich plötzlich um meinen Freund. Deswegen erkundigte ich mich in den nächsten Stunden bei mehreren Leuten und auch in Lokalen nach ihm – leider ohne Erfolg. Niemand wusste etwas Konkretes von Felix. Mir blieb daher nur die Wahl, einen Punkt unter mein verlorenes Geld zu setzen. »... und Punkt!« Trotzdem – oder vielleicht gerade deswegen, weil ich das Ganze innerlich mit einem Punkt abgeschlossen hatte – ging die Geschichte noch weiter. Am darauf folgenden Tag rief Felix an, um sich erstens wegen dem Terminversäumnis zu entschuldigen und mir zweitens mein Geld zurückzugeben. Felix hatte den Gesamtbetrag erst drei Tage nach unserem vereinbarten Termin zur Verfügung gehabt. Aus Angst vor meiner (wütenden) Reaktion ließ er mich nur mit der Box sprechen ... Keine Spur mehr von Zorn war in mir, im Gegenteil. Ich konnte meinen Freund so gut verstehen, weil ich früher aus irgendwelchen Ängsten heraus ähnlich reagiert hatte. Auch ich hatte mich früher in einer ähnlichen Situation lieber versteckt oder verleugnen lassen, anstatt die Wahrheit anzusprechen und liebe-VOLL zu denken! Noch lange saßen wir an diesem Tag beisammen, in alter Freundschaft wie eh und je. Ich denke, dass mir diese Begebenheit zwei sehr wertvolle Erkenntnisse gebracht hat: 1. Mein Zorn, meine Wut, mein Ärger löst sich ab dem Moment auf, wenn ich eine Situation akzeptiere und einen PUNKT darunter setze. 2. Anstatt aus einer Befürchtung heraus mein Telefon nicht abzuheben, bin ich heute imstande, auch unangenehme Tatsachen offen herauszusagen. Im Stillen bedankte ich mich später bei Felix, der mir meinen Fortschritt gespiegelt hatte!

Gottvertrauen

Nach einigen Rücksprachen habe ich mich der Überschrift dieses Kapitels gebeugt, obwohl ich zuerst mit dem Begriff »Gottvertrauen« wenig anfangen konnte. Als 6-Jähriger kam ich in eine streng katholische Privatschule mit Halbinternat in Wien, wo ich die ersten acht Jahre meiner Pflichtschulzeit verbrachte. Was ich dort oft unter dem Deckmantel »Gott« erlebt habe, vergällt mir bis heute mein Vertrauen in kirchliche Angelegenheiten. So mussten wir zum Beispiel beim Nachmittagsspiel im Freien an einem sonnigen und sehr warmen Märznachmittag dicke Wollmützen tragen! Die dortige Regel bestimmte nämlich den 30. April, glaube ich, als ersten kopfbedeckungslosen Tag. Weil ich mich dieser hirnrissigen Vorschrift nicht beugen wollte und meine Haube an jenem Märztag in eine Ecke pfefferte, musste ich den darauf folgenden Samstagnachmittag bis 18 Uhr »nachsitzen« und eine gehörige Strafe schreiben ... Ich erinnere mich auch noch gut an unseren Religionslehrer – wohlgemerkt RELIGIONSLEHRER – der fast jedes Mal, nach Alkohol stinkend, seinen Unterricht hielt. Weil ich ihn als 14-Jähriger einmal höflich darauf ansprach, beschimpfte er mich auf ordinäre Weise vor der ganzen Klasse mit Worten, die ich hier nicht wiederholen möchte. Auch die Intervention meiner Mutter wegen dieses Vorfalls in der Direktion brachte außer der folgenden Auskunft, nichts: »Herr Professor L. geht sowieso in zwei Jahren in Pension, also sehen wir darüber hinweg ...!« Mein Vertrauen zu Gott scheint seit damals verloren zu sein, weil ich Gott bis vor kurzem immer noch mit der Kirche in Verbindung brachte. Ich gebe zu, dass ich infolge interessanter Gespräche mit meiner Mutter jetzt schon ein bisschen anders über »Gottvertrauen« denke, weil ich das Göttliche heute eher als übergeordnete Weisheit einstufe, die uns als Intuition oder Zufall begegnen kann, um uns zum Beispiel vor einer Dummheit zu warnen oder um uns eine Chance vor Augen zu führen. Diese »göttlichen« Zeichen richtig zu verstehen und darauf zu VERTRAUEN – darum geht es hier!

Was meinst du, worin der Unterschied zwischen Gottvertrauen und Selbstvertrauen besteht? Gibt es überhaupt einen? Ich kam nicht umhin, mir diese Fragen zu stellen. Noch dazu, wo mein Vorschlag für die Überschrift dieses Kapitels ⇨ »Selbstvertrauen« gewesen wäre. Bevor ich nun lange Erklärungen abgebe, kurz das Wort an meine Mutter.

Christa Kössner:

Ich bin ein Teil von Gott. Ich bin eine von unzählbaren Ideen im Gottesgeist, die sich als Person »Christa Kössner« manifestiert hat. Wenn nun Gott ALLES ist, was existiert ... habe ich die Möglichkeit, ***in allem, was mir begegnet, göttliche Weisheit*** *zu erkennen. Aus welchem Grund sollte ich daran zweifeln? Gottes Liebe kennt keine Ausnahmen. Ihre Wege erscheinen meinem Verstand manchmal unerklärbar und verwirrend. So zum Beispiel, als ein Förderungsdarlehen für den Ausbau meines Gartenhauses abgelehnt wurde, mit dem ich fix gerechnet hatte. Dieser Schock – und das war damals wirklich einer für mich – ist nun 2 Jahre her ... und siehe da, er hat sich als göttliche Fügung erwiesen! Aufgrund eines Zufalls konnte ich die Gesamtkosten der Bauarbeiten bis auf einen geringen Teil, der wesentlich kleiner ist, als das Darlehen ausgemacht hätte, allesamt aus Eigenmitteln begleichen. Ein anderes Beispiel: Mit 21 wollte ich unbedingt meinen damaligen Verlobten heiraten* *und möglichst rasch Kinder kriegen. Ich missachtete mehr als drei Jahre lang alle göttlichen Zeichen, die mir deutlich vor Augen hielten, dass mein Wunsch keine glückbringende Idee war. Schlussendlich habe ich Gott sei Dank doch die Verlobung gelöst ... weil sich die unangenehmen Ereignisse mit J. überschlugen! Gott lässt sich nicht übersehen. Seine Weisheit ist grenzenlos und sein Ideenreichtum, mir etwas klar zu machen, ist unendlich vielfältig! (»Erzählungen vom lieben Gott für Klein und Groß«, Ennsthaler 2004) Welchen Grund hätte ich also, seine Anwesenheit in Frage zu stellen? Würde mich jemand nach einer Definition fragen, was Gottvertrauen auf den Punkt gebracht ist, wäre dies meine Antwort:*

»Gottvertrauen ist bedenkenlose Hingabe an das,
was geschieht,
mit einem gleichzeitigen beherzten Blick
in den eigenen Spiegel.«

Eine solche Umgangsweise mit scheinbar »schlechten« Lebensumständen finde ich effizient, weil sie Eigenverantwortung nicht nur fördert, sondern auch bestätigt. Ich bin kein Opfer irgendwelcher Umstände ... sondern es ist genau umgekehrt. ICH rufe bestimmte Ereignisse hervor, um zu lernen, was Gottvertrauen in Wahrheit ist: Die Gewissheit, niemals alleine zu sein, weil Gott ALLES ist. Wenn ich MICH alleine lasse ... indem ich mich zum Beispiel wegen meines Aussehens, wegen mangelnder Schuldbildung, wegen zu geringer Leistung oder sonstiger Mängel runtermache, kritisiere oder überhaupt in Frage stelle ... dann schleicht sich logischerweise ein Gefühl der Gottverlassenheit ein! Warum das so ist, möchtest du gerne wissen? Ich erlaube mir ausnahmsweise, nicht darauf zu antworten, sondern bitte dich vielmehr darum, jener Antwort zu vertrauen, die dir jetzt ... morgen ... in ein paar Wochen ..., ohne viel nachzugrübeln, von selbst in den Sinn kommt. Das ist kraftvoll. Es sind nicht die Worte, die jemand X-Beliebiger in ein Buch schreibt, die dein vorhandenes Potenzial an Gottvertrauen spürbar machen. Gottvertrauen aktiviert sich durch Vertrauen in dich selbst. »... und Punkt!« Das Wort wieder an meinen Sohn ...

Mit diesem letzten Satz schließt sich nun der Kreis und beantwortet die Frage, die mich ziemlich lange beschäftigte, wie bereits erwähnt: »Worin liegt der Unterschied zwischen Gottvertrauen und Selbstvertrauen?« Mein heutiger Standpunkt: Es gibt keinen. Vertrauen ist Vertrauen. Das ist kein Zustand, den du durch Befolgen irgendwelcher kirchlicher Vorschriften erreichen kannst, auch nicht durch Anbeten eines fernen, fremden Gottes im Himmel. Vertrauen ist eine Geisteshaltung, die dir Sicherheit und Geborgenheit vermittelt, egal, wo du bist oder was du gerade erlebst. Sollte dir das jetzt wie ein fernes, unerreichbares Ziel vorkommen, zeigt diese Tatsache bloß auf, dass du DIR ... deinen Talenten ... deinen Begabungen ... deinen Eigenschaften ... sowie deinen Fähigkeiten wahrscheinlich sehr lange nicht vertraut hast! Das Göttliche, die höchste Weisheit, das Leben selbst oder wie immer du es nennen möchtest, lässt sich aber aus deinem Herzen nicht verscheuchen. Es ist ewig da, steht dir immer zur Verfügung – wenn du dir endlich einen Schubs gibst und beginnst, auf DEINE Ideen, DEINE Gefühle, DEINE Begabungen und DEINE Fähigkeiten zu bauen, indem du sie gutheißt und nützt! DU vertrittst hier auf Erden den lieben Gott, DU! Daher ist es unmöglich, kein Gottvertrauen zu besitzen, solange du dich selber schätzt und magst! Also bitte höre damit auf, dir wegen irgendeines selbst eingeredeten Mangels Leid zu tun. »... und Punkt!«

Neubeginn

Christa Kössner:

Aus aktuellem Anlass beginne ich mit einer wahren Geschichte, die wir erlebten, während dieses letzte Kapitel entstand. Manchmal wirkt die Zauberformel »... und Punkt!« auf eine derart rasche und verblüffende Weise, dass ich mir erlaube, von einem Wunder zu sprechen. Von einem Wunder, das auf der Stelle etwas »altes Überholtes« beendet und damit einen neuen Anfang ermöglicht. Meine Hündin Bonnie (abgebildet auf dem Cover meines Buches »Mein Haustier spiegelt mich«) bekam eines Morgens völlig unerwartet Durchfall. Er war so heftig, dass sie alle drei Stunden raus musste. Bonnie hörte infolgedessen auf zu fressen und machte einen Bogen um die Wasserschüssel – zweieinhalb Tage lang! Sie schlief die ganze Zeit in ihrem Körbchen, deshalb vermutete ich, dass sie keine Schmerzen hatte. Innerlich machte ich mich mit dem Gedanken vertraut, dass ich mich von Bonnie verabschieden musste ... immerhin ist sie bald zwölf Jahre alt. Als ich am frühen Morgen des dritten Tages einmal mehr verzweifelt zu ihr rübersah, wurde mir blitzartig bewusst, dass ich meinem geliebten Pelztier nichts Gutes tue, wenn ich ihm andauernd etwas vorheule. »Mach einen Punkt, Mama ...«, es war, als würde ich in dem Moment die Stimme meines Sohnes hören. Unmöglich, denn es war fünf Uhr morgens und Thomas wohnt in einem anderen Bezirk, bekundete mein Verstand. Ich gebe zu ... ein paar Minuten lang fühlte ich mich ziemlich versteinert, angesichts des winzigen Fellbündels neben mir. »Ich kann doch nicht einfach ›... und Punkt!‹ denken ...« Schuldgefühle und Selbstvorwürfe rotierten in meinem Kopf, bis endlich der erlösende Gedanke auftauchte: »Ein PUNKT gehört unter mein Gejammere und unter mein Selbstmitleid! Das Ende – der Punkt – unter Bonnies Leben liegt doch nicht in meiner ... sondern in Gottes Hand.« Als würde sich ein Krampf in meinem Herzen lösen, fühlte ich mich sofort von einem Zentnerbrocken erleichtert. Ich hörte auf zu weinen und spürte von Minute zu Minute mehr, wie mich neue Kraft durchströmte. Deshalb ging ich meiner Hausarbeit nach, frühstückte anschließend und schaltete meinen Computer ein. Vielleicht denkst du jetzt: »Und was soll daran ein Wunder sein?« Das Wunder ereignete sich drei Stunden später. Bonnie, die bei einem Körpergewicht von etwas über 2 kg drei Tage ohne Futter und Wasser gelegen war, hob ihr Köpfchen. Sie sah mich mit klaren Augen an und verlangte Futter, das ich ihr ins Körbchen auf meiner Hand servierte. Danach holte ich die Wasserschüssel, um Bonnie das Aufstehen zu ersparen. Nein – sie rappelte sich auf und humpelte zur roten Wasserschüssel, die im Garten steht! Eine Stunde später lief sie bereits zur Gartentür. Selbstverständlich begriff ich das Signal. Gassigehen war gewünscht!

Wenn ich heute an diesen Tag zurückdenke und jemand wissen wollte, wie dieses Wunder zu erklären ist ... wäre meine Antwort: Es war MEIN PUNKT! Es war mein Entschluss, einen Punkt unter mein Selbstmitleid, einen Punkt unter meine Selbstquälerei und einen Punkt unter meinen Fehlglauben zu machen, das Leben von Bonnie durch Weinen verlängern zu können. ***Es waren MEINE PUNKTE unter das alles ... es war MEIN ENTSCHLUSS, destruktive Verhaltensweisen aufzugeben ... die einen sofortigen Neubeginn – und damit eine völlig neue Situation (!) – ermöglicht hatten.*** *Danke, mein lieber Chef im Himmel, für diese Gnade. Ich gebe an Thomas weiter.* ⇨

Auch ich habe schon einige Erfahrungen gemacht, die man als Start in eine gesunde Richtung bezeichnen kann. Daran ist an sich nichts Außergewöhnliches. Zu etwas Besonderem wird ein solcher Neustart allerdings dann, wenn er sich urplötzlich von einem Tag auf den anderen ereignet!

Nach der Trennung von meiner damaligen Freundin im Herbst beschloss ich für mich, eine Weile als Single zu leben. Ich dachte, es wäre für mich das Beste. Doch schon nach wenigen Wochen begann ich, mich nach einer anderen Frau umzuschauen. Anscheinend fühlte ich mich in trauter Zweisamkeit doch wohler. Irgendwie wusste ich intuitiv, dass meine nächste Beziehung anders verlaufen würde. Auf jeden Fall wollte ich mir mehr Zeit für mich selbst nehmen, in einem Maß, dass meine neue Partnerschaft auf keinen Fall darunter leiden würde. Ich wollte nicht mehr eifersüchtig sein, sondern vertrauen! Ich wollte nichts mehr unter Zwang tun, sondern frei entscheiden! Ich wollte einfach alles besser machen und anders gestalten. Wow ... während ich hier schreibe, wird mir erst so richtig bewusst ... dass ich Ende November, ich glaube, es war der 25. oder 26., tatsächlich **den entscheidenden PUNKT** unter mein früheres Verhalten gemacht hatte, denn nur **drei Tage später (!)** lernte ich meine jetzige Partnerin kennen. Bei unserem ersten Rendezvous trafen wir uns in einem Lokal und sprachen ziemlich lange über Beziehungen. Dabei stellte sich heraus, dass wir beide mit unseren früheren Partnern nicht glücklich gewesen waren, ja sogar gelitten hatten. An jenem Abend begriff ich einmal mehr das Spiegelgesetz. Denn diese entzückende junge Frau, die hier neben mir saß, sprach meine Gedanken aus! Sie erzählte mir mit meinen Worten (!), was sie in einer neuen Partnerschaft gerne anders machen würde. Ich fiel sprichwörtlich vom Hocker! Auch sie hatte 3, 4 Tage vor unserer ersten Begegnung den alles entscheidenden PUNKT unter eine frustrierende Beziehung gesetzt. Seitdem gestalten wir unsere Zweisamkeit nach unseren Vorstellungen. Wir sind glücklich miteinander! Wir sind dankbar und manchmal noch immer verblüfft darüber, dass unser gemeinsamer Neubeginn eigentlich nur an zwei PUNKTEN gelegen hatte ...!

Diese Geschichte möge dir, liebe/r Leser/in, beweisen, dass du eine Situation jederzeit dirigieren kannst. DU (!) hast es in der Hand. Nicht das Schicksal, auch nicht dein Vorgesetzter, deine Eltern, dein/e Partner/in, dein Arzt oder die Politiker. Du HAST die Macht, Verhaltensweisen zu stoppen, mit denen DU (!) bestimmte Situationen hervorrufst, die sich wiederholen und wiederholen ... Rätsle nicht länger herum, warum und weshalb ausgerechnet du in einem Hamsterrad gefangen bist, sondern tue etwas! Es liegt an DIR. Es liegt an deinem Unwillen, etwas »Altes« oder »Gewohntes« und damit »Vertrautes« aufzugeben. Manche Leute behaupten, sie würden ihre alten, gewohnten, vertrauten Verhaltensweisen deswegen nicht aufgeben können, weil sie nicht wüssten, was danach kommt. Solltest du dich in dieser Gruppe wieder erkennen, gebe ich eine der goldenen Lebensregeln meiner Mutter an dich weiter ⇨ »Ich kann nie tiefer fallen als in Gottes liebevolle Hände.« Von »tiefer fallen« ist aber hier gar nicht die Rede – im Gegenteil. DEIN ENTSCHLUSS, die Zauberformel anzuwenden, ermöglicht dir auf der Stelle einen Start in eine andere Richtung. Glaube mir, du brauchst in dem Moment nicht zu wissen, welche Richtung das sein wird. Dein PUNKT ist wie eine Ampel, die soeben auf Grün schaltet – und das genügt. »Das soll genug sein? Aber ich muss doch Bescheid wissen, was ich dann tun soll und wie es weitergeht!«, höre ich dich fragen. Nein, du musst nicht sofort Bescheid wissen ... du hast ja das Deinige getan! Du hast dich zu einem PUNKT entschlossen.

Und DEIN PUNKT ist immer grünes Licht
für den lieben Gott
und damit für höchste Weisheit und liebevolle Führung.

Im Klartext auf dich und dein Lebensumfeld übertragen, heißt das ⇨ *»Erst wenn du das Deine getan hast, kann Gott das Seine tun!«* Auf humorvolle Weise würde sich ein Zwiegespräch zwischen Gott und XY zum Beispiel so anhören:

XY: »Ich bin angefressen. Immer wieder passiert mir dasselbe! Dabei tue ich alles Menschenmögliche!!«
Gott: »Nein, tust du nicht.«
XY: »DOCH!!! Ich renne mir die Füße wund für meine neue Freundin. Bin rund um die Uhr für sie da! Sogar nachts rufe ich sie an, damit sie weiß, wie sehr ich sie schätze! Ich bin schon fix und foxi von der Schinderei ... aber das Schlimmste daran ist, dass Elke meine Bemühungen lästig findet.«
Gott: »Ich will dich von deinem Stress nicht abhalten, du bist frei zu entscheiden.«
XY: »Na typisch, du klinkst dich aus und lässt mich so wie immer allein. Elke ist meine 14. Freundin in den letzten fünf Jahren! Und die will ich auf keinen Fall verlieren!!«
Gott: »Du lässt mich ja nicht machen ...«
XY: »Wie bitte? Soll das ein Scherz sein? Ich möchte schon die ganze Zeit, dass DU mir einen Tipp gibst. Dass du mir hilfst, Elke zu behalten!«
Gott: »Ich kann erst dann etwas für dich tun, wenn du einen Punkt machst.«
XY: »Du rätst mir tatsächlich, dass ich Elke verlassen soll?? Dass ich meine Beziehung beenden soll?? Das darf ja wohl nicht wahr sein!«

Gott: »Hmmmm, ach herrje ... ich will deutlicher sprechen. Du sollst keinen Punkt unter deine Beziehung machen, sondern unter dein überaktives, auslaugendes, unnatürliches Verhalten! Alles klar?«

XY: »Upps ... oh ... das fährt rein ...«

Gott: »Ab dem Moment, wo DU einen PUNKT setzt ... kann ich endlich ins Spiel kommen! Ich warte ohnehin schon so lange darauf, dich mit einer Partnerin glücklich zu sehen, du mein geliebter Sturschädel, du!«

Was tun, wenn dir nicht klar ist, was genau du stoppen oder überhaupt ganz beenden sollst? Ganz einfach. Mithilfe des Spiegelgesetzes kannst du das sehr rasch herausfinden. Bleiben wir bei der Beziehung von XY mit Elke, aus der du bestimmt erkennen kannst, WAS GENAU falsch am Verhalten von XY ist ⇨ Die Bemühungen von XY – rennen, bis die Füße wund sind ... ständiges Anrufen, sogar nachts ... rund um die Uhr verfügbar sein ... – werden von Elke (vom Spiegelbild!) weder gemocht noch honoriert. Sie kommen nicht an, sind nicht erwünscht. Daher sind es genau DIESE Verhaltensweisen von XY, die er mit der Zauberformel »... und Punkt!« stoppen sollte, um eine neue Situation hervorzurufen. Nun auf dich übertragen. ⇨ Wenn irgendeine Aktion deinerseits weder beachtet noch geschätzt noch mit Freude angenommen wird ... dann ist es GENAU DIESE AKTION, die du mit einem entschlossenen »... und Punkt!« beenden solltest. Gott hilft denen weiter, die sich selbst etwas Gutes tun!

Zusammenfassung

Die Zauberformel »... und Punkt!«

ist ein einfaches, hoch wirksames Werkzeug, das du jederzeit an Ort und Stelle verwenden kannst ... um Verhaltensweisen oder Gewohnheiten zu stoppen.

Die Zauberformel »... und Punkt!« bewirkt dreierlei ...

1. Du schenkst dir damit eine Pause und das tut immer gut.
2. Der begleitende Stillstand deiner Gedanken ist die beste Voraussetzung für die erfolgreiche Anwendung der Spiegelgesetz-Methode®.
3. Du schaffst damit fruchtbaren Boden für deinen Start in eine neue Richtung.

Denn:

Gott wirkt für dich, wenn du ihn lässt!

Ahnst du schon, was jetzt noch kommt?

»... UND PUNKT!«

Anhang

Wenn du mit dem Autor Kontakt aufnehmen möchtest, schreibe eine E-Mail an: *thomas.koessner@chello.at* oder besuche die Homepage von Christa Kössner: *http://members.vienna.at/Koessner*

Von Christa Kössner im Ennsthaler Verlag bereits erschienen:

»Die Spiegelgesetz-Methode«
»Schlüssel zum Glücklich-Sein«
»Mein Haustier spiegelt mich«
»Mein Auto spiegelt mich«
»Meine Krankheit spiegelt mich«
»Machos, Tussis, Nervensägen im Job«
»Erzählungen vom lieben Gott«
»Mein göttliches Kind«
»Das Glaubenssatz-Spiel«
»Karten, 24 Motive«

Weitere Literatur:

Ein Kurs in Wundern,
Greuthof, Gutach i. Breisgau 2001

»Ich wünsche Dir Mut und Entschlossenheit, deinen Blick jetzt um 180 Grad zu wenden: auf dich selbst. Ich wünsche Dir Fröhlichkeit und Humor, wenn Du ab nun die Spiegelbilder in deinem Leben entschlüsselst. Ich Wünsche Dir Kraft und Lebensfreude, Erfolg und Glückseligkeit – von ganzem Herzen.«

Christa Kössner

Christa Kössner
Die Spiegelgesetz-Methode®
Praktischer Wegweiser in die Freiheit

Die Spiegelgesetz-Methode bietet Selbsterkenntnis und Lebenshilfe, die nichts kostet, die schnell und konkret umsetzbar, einfach und an jedem Ort anwendbar ist.

ISBN 3-85068-579-9, Format 11,7 x 17 cm,
112 Seiten, broschiert

VERLAG *Ennsthaler*